亲密关系的隐秘动力

杨力虹 / 著

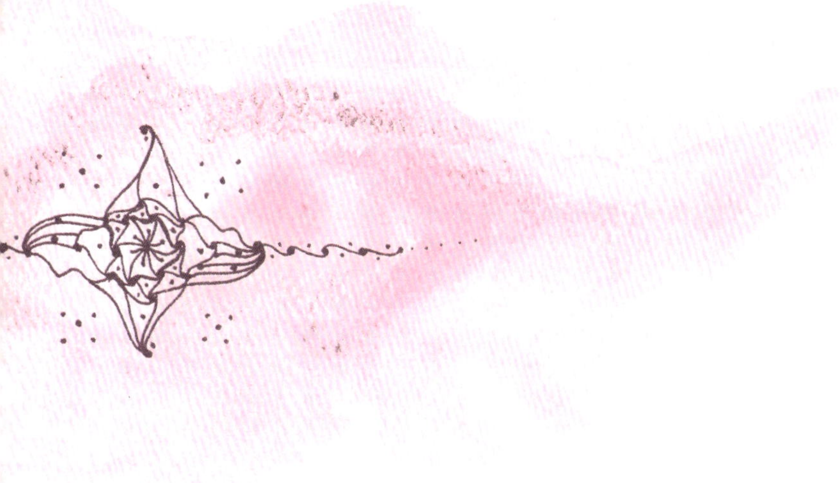

漓江出版社
·桂 林·

图书在版编目(CIP)数据

亲密关系的隐秘动力 / 杨力虹著. -- 桂林：滴江出版社, 2023.8（2023.11重印）
ISBN 978-7-5407-9427-9

Ⅰ. ①亲… Ⅱ. ①杨… Ⅲ. ①恋爱心理学－通俗读物 Ⅳ. ①C913.1-49

中国国家版本馆CIP数据核字(2023)第082863号

亲密关系的隐秘动力
QINMI GUANXI DE YINMI DONGLI

作　　者：杨力虹

出 版 人：刘迪才
策划编辑：杨　静　　责任编辑：杨　静
封面设计：杨　毅　　内文设计：李自茹
责任监印：黄菲菲

出版发行：漓江出版社有限公司
社　　址：广西桂林市南环路22号
邮　　编：541002
发行电话：010-85891290　0773-2582200
邮购热线：0773-2582200
网　　址：www.lijiangbooks.com
微信公众号：lijiangpress

印　　制：香河县闻泰印刷包装有限公司
开　　本：880 mm × 1230 mm 1/32
印　　张：6.25
字　　数：115千字
版　　次：2023年8月第1版
印　　次：2023年11月第2次印刷
书　　号：ISBN 978-7-5407-9427-9
定　　价：56.00元

推荐序

以关系为道

有一个古老的印度故事，说的是一对恩爱的老夫妇来到佛陀面前，请教如何在来世能再次成为夫妻。佛陀的回答是：你们有共同的信仰，就会在来世再次成为夫妻。这是记载于南传《巴利经藏》中《增支部》里的一则故事。我想，其中的奥义是在说，人与人之间真正深切亲密的关系乃是深层的心意相通吧。这也是亲密关系之中最宝贵的财富。可是，往往，人生知己难遇，况乎灵魂伴侣。因此，许多人的亲密关系里，多的并不是水乳交融，而是针锋相对。曾有一位印度智者指出，亲密关系要经历：先是生理或外表的吸引，再是彼此关系的磨合，最终上升到慈悲的共存。因此，亲密关系也是一种“炼金术”。

有人将男人与女人的差异，比作“男人来自火星，女人来自金星”。我却觉得，男性能量和女性能量共存于每个人的内在。因为万物来自同一个源头——空无而光明的本质。当它纷纭显化时，从空而有——这是女性的孕育能量，从明而知——这是男性的创造能量。前者多一些，则雌；后者多一些，则雄；二者均衡，则中性。男女相处之道乃是再度体认整体无分之妙，从而超越狭隘的个体、自私，发展出大爱与大能。

可惜，个体之人往往是狭隘有限的，当爱情洋溢于身心时，会暂时无私地利他。当激情渐渐退却之后，人性的弱点慢慢浮出水面，幸福的无我状态消失了，小我的冲突将登场。有智慧的人则必然就此反思：难道这就是生命的全部、关系的全部？借着这样的反思，人们开始走向真正的成熟——反思关系，也反思自己。

我希望，每个生命能将此反思作为人生的大诘问，从小处着眼，挖掘出亲密关系的真相。杨力虹老师正是这样一位忘我的助人工作者和挖掘者，她孜孜不倦地在此领域工作多年，深得其中三昧。她邀我为本书作序，然而本人才德浅薄，焉敢妄语妄言？亦正是感佩杨老师的助人发心，我才敢写此序，也希望此书能成为一座心灵桥梁，帮助芸芸众生通过关系之道，觅得真爱，也觅得大爱，更觅得真正完满的自己。

资深心理咨询师 / 禅修导师 程俊源

自序

一切都是自然现象，亲密关系也不例外

两性相遇时，双方体内分泌的生物信息素相互交织与碰撞，让彼此在相见甚欢的那个美好时刻总是智商下线，彼此都满心满眼的迷恋，心里小鹿乱撞、脸红羞涩、身体异常敏感，对方身上强大的吸引力瞬间让人的心智宕机,任凭直觉与潜意识做主。这令人心醉的刹那，是本能系统在频繁而高速地运转。大自然的玄奥，远超我们的头脑所能理解的范围。只有相亲场上的人们，才会更多地运用心智评判系统，因此很少有人能够直接 fall in love；而陷入，就是一种本能的直觉选择。

想当初，我们都得过“恋爱综合征（爱情神经病）”。多巴胺、内啡肽、血清素、催产素交错分泌，曾让我们如此癫狂、义无反顾。有多少个夜晚，我们夜不能寐；魂牵梦萦中，全是他的影子；他出现过的每个场景，都会在脑海中自动重播无数次，不知疲倦，每每我们的嘴角还会扬起幸福会心的微笑；半夜，我们经常被莫名的激动与亢奋侵扰；每当流行的爱情歌曲响起，仿佛歌中所唱的都与自己这段伟大而独特的爱情有关；我们在人群中无意识地搜寻，希望他能奇迹般出现，而一旦他真正现身，我们却又装作满不在乎，甚至故意和别人打得火热……我们期待每一次爱上的都是世间最爱自己的那个人。我们使尽浑身解数与对方联结，总以为只要身心交融、缠绵悱恻地相亲、相爱、相伴、相依，那就是世间永恒而伟大的爱。

在恋爱的滋养中，每个人都会变得神采飞扬，激情四溢，没来由地傻笑，莫名地开心，这种美妙的情感体验是其他关系无法创造出来的。因为恋爱就是为人类传宗接代所做的身心准备，它可能诞生生命，所以亲密关系最神圣。在爱中的人，格外美丽，无论被看见、被关注、被回应，都会让人变得自信。

然而，每当我们开始逼问对方“你还爱我吗”时，爱就已经走在了消散的路上。事实上，当爱火初燃时，它就已经准备好随时灭去。正如我们拥有时，就已经注定了失去。熊熊爱火炽燃，不但可以烧尽欲望，还不留任何灰烬。残存在脑海里的，只有当年依稀的图像；而曾经海誓山盟的爱人，也许早已面容模糊，甚至连姓名也无从记起。

这些都是多巴胺为了诱惑我们这些育龄期男女传宗接代而设下的美妙陷阱。通常，持续 6 个月最多到 4 年的多巴胺回收时，另一种名为“爱的激素”（又译为催产素、道德分子）的物质会取代曾把我们搞得晕头转向、激情四射的多巴胺，使双方开始进入平淡无奇却情深意长的亲情之中。这一切都是大自然用心良苦的设计，都是为了让我们成功地生儿育女、繁衍后代。经历完整个浪漫期，在回归现实的过程中，我们才开始清醒过来，于是不断地挑对方的毛病。如果在这一两年间双方已经在爱情里沦陷，顺利进入婚姻，那“七年之痒”就会成为下一个难以突破的关口。关闭美颜功能的两人，是继续在爱的激素里相融——冲突——整合——承诺——共同创造，还是另换对象，重返多巴胺的迷醉战场，重新来过？不管怎样，旧剧都会一遍遍地重演，多巴胺的阈值不断增高，人的身心也会陷入疲累，许多人就会丢盔弃甲，不玩了。就像现在越来越多的人选择不婚不育，或者果断选择试管婴儿。人类的生存形态正在发生多元化的扩展与改变，试管婴儿等其他生育方式会改变家庭形态，也会改变家族基因，这些对人类的身心都是极大的挑战。

一切皆无常，又都是自然规律，有生必有灭，有来则有去。爱情也不例外，求不得、爱别离、怨憎会之苦，我们都曾经品尝过无数遍，仍不肯死心，总是心存幻想：那个最爱我的人，正在下一个转角处等我。他是世间的极品，我还没提任何要求，他就心知肚明，完全明白且懂得我要什么——一见钟情，初见某人便有电光石火般的触动和熟悉感时，我们内心的潜台词就是这样写的。

而这样的期待与要求，也许除了自己的父母，无人能够做到。有时即使是父母，也无法做到。于是，在街头巷尾经常出现冷战的情侣，倚着树或电线杆，沉默不语，表情哀怨，偶尔还有泪光闪烁。也许，五分钟前，你还看见他们恩爱缠绵。没有人知道下一分钟，我们的内心会发生什么，脑海里会飘过怎样的念头，嘴边会冒出一句什么样的话，又会用怎样的行为与别人互动……我们尚且搞不清楚自己，要理解弄懂别人，谈何容易。

心理学导师麦基卓与黄焕祥曾就爱与亲密进行了长达 30 多年的研究，其间他们离开家庭，以最真实的状态坦诚地与对方相处（并非同性恋）。在亲身体验后，他们得出了结论：大多数人际关系都会经历浪漫期——权力争夺期——整合期——承诺期——共同创造期五个阶段。这个研究成果说明：爱情不可能永远停留在某个阶段，它会变化，会跌宕起伏，会循环往复。通常，在亲密关系里选择分开的情侣，基本上处于权力争夺期，比如分手，比如七年之痒，比如离婚。

而真正顺利穿越权力争夺期的伴侣，在接下来的时光里需要更强大的契约精神来维系感情。也许，这个阶段已经与爱情无关，更多的是责任与担当。当然，如果双方都可以为这段亲密关系补充丰沛的爱的养料，真正无惧、敞开、信任地与对方联结，其爱情的寿命可能会长一些。

但无论怎样地深情相爱，终究仍逃不过爱情的结局——分离——要么生离，要么死别。这听起来很伤感，亲身经历过的人内心更是五味杂陈：身心极乐时，我们贪着；伤害纠缠时，我们嗔恨。我们在这些生灭流转、分合无常的爱情里，体验到的多是：无常、苦。唯一会留下的是：业。因为爱，我们执取；因为爱，我们经历一切不如意之苦。

是的，尽管挠痒很舒服（通常会越挠越痒），但别忘了，你还有其他选择：知道痒经过，而不去挠；或根本不让痒生起；更好的是，没有痒的病根。这就需要我们真正懂得：爱情背后隐藏着无明与贪欲，在追求、抓取时，势必会经历种种的不如意之苦。

当我们把爱情看成一个再自然不过的生灭现象时，心就能瞬间平静许多，起码我们可以放下“非你（我）不可”的执着与固执。想想看，过山车也挺好玩的，惊险而刺激，只要不落下“从此，每天必须过山车”的病根——人类的痛苦往往来于此。请带着清醒的觉知，去经历该经历的，不执着地去爱、去痛、去交融、去分离；同时，为自己的选择负责。

——“老师，你会魔法吗？我想挽回分手两年的女友，她最近好像爱上了别的男子。”

——“老师，我们两地分居，说过无数次见面，都没成功，我觉得好虚幻的感觉，我是放弃还是继续？”

——“老师，我想离开陪伴我 24 年的丈夫，他太无趣了，性冷淡。我觉得自己过的是守活寡的苦日子，不想继续这样过了。”

——“老师，我的男朋友经常出轨，我要如何留住他，让他只爱我一个？”

……

但愿，以下章节的问答能疏解你们的困惑。

说实话，虽然我经历过一些高难度系数的爱情，被爱，也爱过，但现在的我也还在内在探索的路上，只能以我的浅见，博你一笑。毕竟，往事如烟，袭来、飘去、无影无踪。待下一段因缘和合，爱又再现、重演、无限循环、没完没了，直至爱欲干枯、脱落、逝去、出离、涅槃。

目　录

Part1　亲密关系问与答

围城之外——恋爱篇

围城之内——婚姻篇

让我带你走出亲密关系的迷障

Part 1

亲密关系问与答

围城之外
——恋爱篇

恋爱，需要两颗无惧的心向对方敞开，接受对方本来的样子，收回投射与期待，一起建立爱与亲密，全然 fall in love。恋爱，是最容易让我们重遇内在孩童的体验。

Q1 为什么喜欢他，却不敢靠近

我很容易在心里偷偷地喜欢一个人，却不敢跟他接触，有机会靠近的时候，就会想办法躲开；同时，也怕他看上别的姑娘，心里煎熬难耐。周围的朋友多是大龄的单身女性，也都会遇到类似的问题。我们该怎么做才能走出这个怪圈，找到自己的爱情呢？

亲爱的，佛法里讲人生八苦，其中有一苦：求不得苦。看见你自编、自导、自演、自观的独角戏了吗？这跟那些被你偷偷喜欢的人无关。他们还蒙在鼓里，而你这边的内心戏早已经演得如火如荼，甚至都大结局了。暗恋、逃避、嫉妒、放弃……每段剧情总是相似，结局也无法不雷同。你爱上的是你想象中的他，只是你的感觉，并非真实。你还没有真正地看见他，如实、如是。

爱情和婚姻，是两个人的事，是两个家庭的事，甚至是两个家族的事。如果由一个人来演，肯定是没有办法演到大团圆结局的。

首先，你需要在潜意识层面探究：为什么你不敢靠近他？怕被伤害？怕被拒绝？怕被抛弃？不配得？自己不够好？这些都跟自己的成长环境，主要是与原生家庭有关。也许，还有更残酷的问题需要你面对：你真的想要一个伴侣吗？

其次，在你的信念系统里，找到你对情感的信念根源非常必要。因为在你人生的路途上，那些隐性却力量强大的信念会经常跳出来充当指路牌，打着自我保护的旗号，让你裹足不前。

因为没有对你深入地进行个案疗愈、清理，所以我无法臆断你胆怯的原因。我只能建议你从这两个方面去下功夫探寻，当看见真相，疗愈即刻发生，进而那些不配得、低价值感，对自己严苛，觉得自己不够好的负面信念就会被清理、改写。

那时，自信、充满力量的你会有勇气从父母面前转身，走向那个你喜欢的人，敞开心胸与他互动、联结、共振。像每对正常的恋人一样，不再被原生家庭巨大的牵绊所束缚，不再被那些陈年旧伤所搅扰。

看见走出这个怪圈的希望了吗？

很多人被怪圈所困，就像你说的那些大龄单身女性。在我看来，她们找不到爱情，是因为她们还没找回自己，也许她们还在错综复杂的原生家庭序位里纠结、无法自拔，也许还在负面信念系统里打转。当然，若一个人没有改变的意愿，那怪圈也许是一个更好的选择，毕竟她熟悉，她确信这个圈可以包裹和保护自己。

出于对未知的恐惧，这些陷在怪圈中的人，也许会积极地相亲，但内心的怪圈却将自己禁锢，不会放任何一个人进来。我经常对这样的人说："千年暗室，一灯即明。"打开一道缝，让阳光进来，让外人进来，也许你会受伤、会痛，但重要的是，屋子已经被光明照亮，不再黑暗。冒这点险，是值得的。

跟谁相爱都不如先跟自己相爱，这是最好的起点。当我们能够爱自己的时候，我们就能够爱任何人，更不用频繁地换伴侣。换来换去，如果自己内在的伤痛没被疗愈整合，那和任何人"相爱"都一样。开场、过程、大结局，甚至连台词、剧情发展都一样，只是换了不同的人在演，里面也完全没有爱的成分，只是由"贪"在导演，由"求"在编剧，甚至连对面演员的模样都完全没有看清过。如果你已经把情感戏弄成了不断喊停的短片、断片，那么不妨到家排场域里，来看看你需要如何归位，如何看见对面的演员，如何修改陈旧的台词，如何更新剧情，如何让大结局有更多可能性。

一个没找回自己的人，当然不可能看见别人。自编、自导、自演、自观的，全是自己。

很高兴，你有改变的意愿，不想再重复上演恐怕连自己都已经看烦的老戏。冲出怪圈，指日可待。

一个关于自我觉知与关系探索的练习：

1. 找一张空白纸来代表你暗恋的那个他，你去找自己的位置，看看自己站在哪个位置上，与他的距离多远？方向？你的眼睛在看向他吗？他的眼睛呢？在看向哪里？你身体的感觉如何？情绪的感受怎样？脑海里飘过的是怎样的念头？

2. 如果在你的身后加上两张纸来分别代表你的父母，你的变化是？相信你有不同的觉受。

看见，即是疗愈的开始。祝福你！

力虹语录

"自保""防御""逃避"，都是因为我们感觉不安全。

Q2 要不要见前男友

我与前男友已经分手两年了，分手后痛不欲生。一段时间后我已经基本把他给忘了，但最近想考验一下自己，又去联系了他。见面后方知他已结婚，我相当痛苦，感觉好像自己的东西被别人抢走了，很难受。我该怎么办呢？

亲爱的，既然你已经选择了与前男友分手，那就为这个选择负起自己的责任吧。

省察一下自己所谓的考验，是为了证明什么呢？他真的是你舍不得的那个人吗？如果真的是，那两年时间里，你为什么没有挽回？是因为有人争抢，你才觉得他还有价值？来吧，看看让你痛苦的到底是什么。是“一辈子得不到”的懊悔、失落，还是对自己两年前分手决定的后悔、自责，又或是被抛弃的无助、绝望？有时候，我们在乎的是和别人抢玩具时的“价值感”，而非那个玩具本身。玩具真正到手时，我们可能又觉得索然无味。而争抢过程里的纠缠、变化、争斗，反而跌宕起伏，让人欲罢不能。是否到手，变成评判玩具是否有价值的一个重要因素。

既然已经分手，他当然有与别人结婚的权利。再与他见面，于你，于他，都不合时宜。毕竟，时空流转中，你不再是过去的那个你，而他也无法再是当时的那个他。

人生总是这样。而世上没有后悔药，落子无悔，错过了可能真的就是一辈子。无论你当初做这个决定是在怎样的状态里，无论你多么后悔，这个结果都是无法修改的。

竞争或占有的关系都是以自我为中心的、自私的。这样的关系里只可能有利用，而不会有真正的、无惧的爱的流动。如果不调整、改变这颗心，那么真正的爱的到达便会遥遥无期。换个人可能还是同样的结果，重要的是改变自己内在的状态。

无论如何，我的建议是：在心里，为他留一个位置，谢谢他曾经的陪伴，感恩他过去对你的付出，各自承担自己当年在关系失败中应负的责任，祝福他有美好和谐的家庭生活！然后，转身，走向属于自己的美好未来。

冥想练习：与前度伴侣的和解。

力虹语录

不欢而散的果，是我们“一见钟情”时种下的因。

Q3 不想花时间付出感情，怎么办

我今年 24 岁，谈过一次恋爱，分手以后一直处于单身状态。我不想再去花时间付出感情，也不想处理恋爱中不愉快的事情，宁愿一个人单着。我觉得这样是不对的，但是又迈不出这一步，该怎么办？

这没有对错，只是个人的选择不同而已。

等你可以打开自我中心的牢门，才能迈出“这一步”——看见别的生命。一个不知道“我是谁”的人，不可能看见别人，更不会清楚他人是谁、他人需要什么，以及自己可以付出什么、得到什么。恋爱，正是学习与实践无私的良机，如果你的世界里只有“我我我”时，你就无法进入恋爱里，看见对方，去爱他。

单身保平安，这的确是许多当下年轻人的选择。因为付出感情，可能会受伤，可能会被骗，可能会入不敷出，可能被PUA……但如果因噎废食，因恐惧与担心而拒绝体验，这难道不会成为人生的一种缺憾吗？

迈不出这一步，或许有来自原生家庭或童年经历的阻力与拉扯。回头，拥抱，与过去和解，才能再次转身，走向爱。

在我的工作坊里，许多无法进入亲密关系的案主都还陷在与父母的纠缠、共生关系里，无法从父母情绪伴侣的角色里退位，真正长大成人，朝向自己的人生、自己的伴侣。这真的很遗憾。

比如，一位女性案主，33 岁了，海外留学背景，却只有过一次短暂的恋爱。在不到两个月的恋爱时间里，寡居的母亲每天对她的问候次数增多了，尤其是她与男友约会时，母亲的电话不断，通话的内容总是匪夷所思地琐碎，显现出母亲潜意识里对与女儿分离的焦虑与恐惧。那种脆弱无力的样子，让这位对母亲充满了同情与拯救欲的案主无法全心投入恋爱，只要稍尝幸福滋味，内心的愧疚便会强烈地控制她；想到父亲离世后孤苦无依的母亲，她主动切断自己对于爱情的需求与美好体验，对自己的爱情全盘否定，忠心耿耿地回到母亲身边，又开始了与母亲相爱相杀的纠缠生活。她以为这就是孝顺与忠诚。只是这样错位的纠缠关系，无人可以从中受益，只会相互拖累，耽误生命，错过幸福。她们在个案里和解后，案主终于朝自己的幸福人生移动了。现在，她已成为一个 3 岁孩子的母亲。

另一位男性案主也是每恋必败，换了八任女友，都无法安定下来，在个案里，很明显地看到他找的是母亲的替身，他甚至都没有看见过站在他面前的这些女友，他的身心关注焦点只在母亲处。他父亲是个海员，长年在外，很少出现在家庭生活的场域里。于是，年幼的他便冲上前去，像男子汉一样，站在自己父亲的位置上保护母亲。早熟的他，成年后仍无法顺畅地进入亲密关系，尽管一表人才，职业、收入也都非常出众，但每次交了女友，都是身在女友处，心却始终在母亲处。在工作坊的场域里，我让他向自己的父母交还属于他们的命运，然后 180 度转身，他这才真正看见这些前女友。与她们和解后，他才走向他的人生，进入一个开放式的结局里。

这样的例子不胜枚举，纠缠的原生家庭关系，无疑都是爱与忠诚。只是当它们错位、盲目而扭曲时，带给案主及其家人的，都是伤、伤、伤。

了知真相后，全然无惧地体验，也是一种选择。当你内在柔软，对对方心怀极大的慈悲时，懂得和尊重便会成为你们亲密关系里最美丽的篇章。

祝福你！

力虹语录

当一个人还处在父母的情绪配偶位置时，他就没有机会真正看见自己的伴侣。剪断与父母的心理脐带，才能靠近伴侣。

Q4 嫁给你爱的人，还是爱你的人

我今年 32 岁，正为情所困。因为我爱的人不可能跟我结婚，而爱我的人的确很适合婚姻。都说找个爱你的人结婚才会幸福，是真的吗？

恕我直言，这不是真的，这是一个以讹传讹的谬论。如果你这么做了，你不会幸福的，即便爱你的那个人很适合婚姻。

当然，你也可以继续爱着你爱的那个人，嫁给这个爱你的人。那么，你拥有的只是婚姻的外壳（也许这可以帮你脱下“剩女”之名），里面装的是冷冰冰的交换条件，也许还装着一颗孤独而无奈的破碎之心。这桩婚姻自然不会理想，貌合神离、同床异梦的概率极高。除非你真的准备打开自己的心，与他相亲相爱。

如果你不能和爱你的人相爱，而只是为了那张结婚证，那真心希望你们别要孩子。因为我不愿看见一个无助的孩子纠结于父母的情感矛盾里，无法成为自己。我也不希望他多年以后发出“父母是祸害”的绝望呐喊！如果你执意在不爱丈夫的婚姻里生下孩子，那你现在就可以替你的孩子预约二十年后的心理咨询了。给孩子最好的礼物只有：恩爱的父母。

得不到的，永远都是最好的。你想象中对方的无数优点都是你给他的光环和滤镜，但那都是投射的游戏。现实的生活里，眼皮子底下的生活琐碎，会磨光你的幻觉与想象，只余朴素而真实的相处，而日子就是在细碎烦琐里分分秒秒度过的。从此，王子与公主过上了甜蜜幸福的日子，至于怎么幸福，只有他俩才了解。活给别人看，还是自己品，你可以选。

如果你能敞开心，放下成见，丢掉自保的恐惧，抛弃自以为是的骄傲，去接受那个愿意伴你一生的人他本来的样子，尊重他的生命，感激他的付出，感恩他的陪伴，那么你的婚姻会从此不同。

爱情，是两个人真正地彼此看见，是两颗敞开的心无惧地彼此联结。

祝福你！

力虹语录

每个人的身上都有许多可被挑剔的毛病。如果你要立志当一只啄木鸟，忙到死，也忙不完。

Q5 治疗失恋的良方，是赶快进入下一段恋爱吗

失恋是痛苦的，特别是你还深爱着对方，却被对方抛弃，那就更痛苦了。怎样才能从这种痛苦中解脱出来，或尽量减轻这种痛苦？有人说是赶快进入下一段恋爱。重新恋爱了，前一段失恋的痛苦自然就减轻了，是这样吗？

我曾经听过一个类似的说法：失恋的痛苦不在于失恋本身，而在于青黄不接。

以前，我一直相信这句话，而现在我明白那完全是一个谎言。因为就算你很快又逢了甘霖，你会发现它仍有可能跟过去一样变成苦水，只要你的内在装了贪婪、嫉妒、怀疑、担心、焦虑、恐惧的垃圾。

清理内在垃圾，从对方这面“镜子”里照见自己，看见、接纳自己，放过自己，也放过别人，和平分手。感恩他的陪伴与关心，在心里给他留一个位置，这才是治疗失恋的良方。否则相同的戏码，只会一遍遍地重复，即使配合你演出的人面孔变了，身材变了……相处不久，你们还是会一步步走向失恋的终结场景。

如果真心觉得“我再也不想这样了”，那么，改吧。寻求帮

助，借助支持的力量，从苦水泥潭里抽身而退。改个剧情吧，还来得及。打开自我防御、计较、自保的心门，缘分会不请自来，真正地看见对方，与他的身心同频共振。

恋爱，真是件甜蜜而幸福的事。初见时的唯美浪漫期——刀光剑影的权力争夺期——痛并快乐着的整合期——信誓旦旦的承诺期——志同道合的共同创造期，五个阶段之后，又会进入新的轮回；关系在一次次的循环里会变得深刻而厚实，联结深远而广博，甚至从小爱升华为大爱。

祝福你！

力虹语录

给生命留白也是美好的，难得的空窗期，恰好是回观自己、整合内在的好机会。独处，有更深入看见自己的可能。

Q6 所爱的男人拒绝了我，怎么办

我曾经爱上一个男人，但是他拒绝了我。从此以后，我就一直活在痛苦中，感觉失去了生命中所有的希望。我该怎么办?

亲爱的，请走出由自我幻想营造出来的“伊甸园”吧。走出“伊甸园”的大门，你会发现原来生命还有那么多的可能性；突破缘于缺乏安全感的依赖和自我设限，你就会发现世间原本还有许多可以让你快乐开心的人、事、物。爱不是我们天天挂在嘴上的那个字，只有当自己内在充盈的时候，才可能给予。我们天天打着爱的旗号，伸出一只手，做出给予的姿态；但我们有没有看到，我们在给予的同时，还伸着另一只手在索取（也许这只手藏得很深、很隐蔽，自己有时也看不见）？因为我们的爱还是有条件的，我们还渴求着对方的回报、感恩、赞同……我们可以爱，但我们有条件：如果、要是、也许……

我们跟一个人一见钟情，内心的潜台词就是：“太好了，终于有个人能懂我的心，能在我还没提出要求前，就知道我想要的东西了，他会像母亲一样给予我想要的一切……”我们想跟另一个人融合，严丝合缝、密不透风，其实只是自己的一厢情愿罢了。

情关难过，爱太难。每个心绪如麻，渴求被对方接纳、包容、宠爱的女人都如此。那些我们头脑中渴望的“爱”其实里面根本没有爱的成分，只是我们婴儿期的一个普通需求而已。

有点残酷，但，事实如此。

静下心来，请在观想中看着他的眼睛，对他说：“你不是我的父母，我收回对你的投射与移情。谢谢你拒绝了我，让我有了内在探索的动力与勇气。对不起，请原谅，谢谢你，我爱你。”每晚临睡前，重复7遍；21天后，请再观察自己是否已经走出“伊甸园”，能够接纳生命中更多的可能性。

如果你能全然接纳自己本来的样子，拥抱那个被你排除在外的内在孩童，那么我想，那个你爱过的男人就不再会是你的全世界了，你的世界应该无比宽广。

世上有几十亿人，你相信里面会有一个与你心心相印、惺惺相惜的人吗？如果相信，那么，即使有人拒绝了你，也还有更好的人正等着你。

祝福你！

力虹语录

每一块写着“此路不通”的路标，都是在告诉你：有新的选择在等你。你的心会给你指引。

Q7 要和坦陈“自己会出轨”的男友结婚吗

和男友在一起六年了，每次谈到结婚的事情，他都会问我能不能接受他婚后出轨。如果能接受，就结婚。请问老师，这是他的坦诚，还是没有责任心？在婚外情这么普遍的情况下，难道我们应该降低对婚姻中的责任感和道德底线的要求吗？

面对这样嚣张的挑衅，或者说是试探，你可以问问自己：能接受吗？他这不是坦诚，也不是没有责任心，而更多是他没有安全感，严重恐婚而已。他担心婚姻这张网让他无处可逃，怕他被人套牢、被吞没。这是一个没有长大的孩子，用耍赖的方式在要挟“妈妈”。说到底，他也不敢确定你会不会是他此生唯一的选择，因为他的心还无法安定。

伴侣之间的身体忠诚，是在兑现爱的承诺。而出轨这件事，对稳定的婚姻来说，是个极大的挑战。毕竟，这是有悖于伦理道德，会伤害伴侣尊严的事。除非其实双方达成共识，只需要婚姻的外壳，而不期望爱与亲密，或者占有与执取，保持双方的自由，让婚姻成为开放状态。不过，这挑战了人作为动物的占有与自私本能，相当困难。毕竟，世间如萨特与波伏娃者寥寥。

如果你们有共同的孩子，那么婚姻里有出轨事件，也会影响孩子。

婚姻终究是严肃的，包含责任与义务，只有真正成年的人才扛得起婚姻的重担。

先让他慢慢长大吧，当双方在身心层面都成长为真正的成年人时，再谈婚论嫁也不迟。一旦进入婚姻，那些类似于“母子”“父女”“儿女”“父母”等关系的模仿版多会宣告失败，只有成人对成人的亲密关系才可以和谐、稳定、持续。

祝福你们都早日长大，真正地作为成年人，看见对方。

力虹语录

两个内在不安的人在一起，一定会是双倍甚至多倍的不安。除非，有一个人先安定下来。

Q8 男友不顾及我的感受，怎么办

男友喜欢出去玩，周末不理会我，而我却会为了他拒绝朋友的约会。总觉得男友比较自我，不顾及我的感受。对此我很伤心，也很难过。前一个男友也是因为同样的原因与之分手，现在又回头来找我。我好迷茫，不知道该如何处理这种关系。

你给亲密关系划了一个地界，那就是两个重合的圆，里面只装着你和他。你可以为他拒绝与朋友的约会，只和他在一起。在我看来，两个身体相依的人，并不一定心灵相通。真正良好的亲密关系，不是两个重合的圆，而是两个交叠的圆，双方都留有自己独立的、被对方尊重与允许的空间。

你可以有自己的独立空间，自己的朋友、亲人、同事、同学，你也可以答应朋友的约会，去换换新鲜空气，聊不同的话题，更换自己单一的社交范围。你的丰富有趣，你的新鲜活泼，才更能吸引男友，而不是紧紧牵绊，不是怨妇般的冷战与抱怨，不是让对方成为你的连体婴……两个密不透风的圆，只会让双方窒息；过于黏腻的关系，只有崩解、破裂这一种结局。

他喜欢玩，是他的自我意识比较强，也是因为他希望在亲密关系中仍然保有自己的独立主权。这是非常正常的表现，并不是他自私自利，不顾及你的感受，不爱你。对此，你想得有点多了。他不是你的连体婴，他是独立的个体，当然可以有自己的交友圈子、自己的活动地盘，而不是你给他划定的那个圈子。那样的关系，结局只能是分手。但凡有点独立意识的人，都会受不了那种限制、压抑、紧张。除非配合你演出的男人同样有圆心重合且只想和伴侣朝夕相守的愿望。

请你看见自己要求对方的时候，是基于什么动机与出发点：是怕被抛弃的恐惧，还是怕不被认可的惶恐？是怕感情生变的危机感，还是怕对方不重视自己的焦虑？

这些都只会削弱你内在的力量与勇气，变成那个柔弱无力、等爱的女子。一旦对方不在自己身边，就惶恐不安，就伤心、难过。亲爱的，对方不能每时每刻都陪在你身边，并不是因为你在他心里不重要，而是因为他需要自己的空间。你有放弃自己独立空间的权利，但不能要求对方也如此。那样只会成为逼迫对方实施冷暴力，更是你不自爱的极端表现。

穿越这些情绪，当自己内在的力量茁壮时，你就可以成为一个成年女子，独立、自主，有尊严、有信任、有理解、有包容地与对方交往，并与之建立一段友好、良善、长久的亲密关系了。

恰如舒婷的《致橡树》：

我如果爱你——
绝不像攀援的凌霄花，
借你的高枝炫耀自己；
我如果爱你——
绝不学痴情的鸟儿，
为绿荫重复单调的歌曲；
……

亲爱的，你也可以成为一棵与爱人并肩的橡树。自由的分寸，恰好是你内在力量的展现。

如果你的世界只余一人，他的喜怒哀乐就会牵动你的情绪，你全身心为他付出，只求他给予朝夕相处的回报，那这样狭窄、束缚的关系，绝大多数男人最后可能都忍受不了，会“走为上”的。安全感的钥匙从来都只在你自己手里，他给不了。

早日找到那把开启你内心安全感的钥匙吧！

祝福你！

力虹语录

如果亲密关系是两个完全重叠的圆，会窒息；如果是两个完全不相交的圆，会疏离。

Q9 总担心男友会离开我，我该怎么办

男友在认识我之前有一个已经登记领结婚证但是没有举行婚礼的爱人，我认识他时他们因为经常吵架已经离婚了。男友和我表哥很像，让我有一种很亲近的感觉，我们现在在一起很开心，也很幸福。但同时我也很不安，怕他还惦念前妻，很担心有一天他会离开我。我该怎么办？

亲爱的，你看见作为人的苦了吗？没得到时，想得到，日思夜想，苦；得到了，又担心失去，日夜不安，苦。

尽管如此，我们仍然愿意浸泡在这些苦里，只为了那短暂、难以持久的甜。

为了那刀尖上的蜜，我们使尽浑身解数，任情绪煎熬、念头纷扰，时而在天堂，时而在地狱，寝食难安。

男友有前妻，但他们分手的缘由跟你没有关系，你只需要尊重他们曾经有过的关系，真正看见他的前妻存在过，并且感谢她，因为她的离开，才有你的补位。许多人会有一种愚蠢的做法——试图证明自己比他的前妻更好，更值得被他爱，充满了对前妻的嫉恨与排斥，这样的念头会导致今后你与男友的关系无法进入和

谐、放松、自然的状态，因为被排斥的前妻会一直如阴影般存在于你们的关系里。同样，如果男友拒绝承认上段已经登记结婚的婚姻关系，拒绝在心里为曾经的妻子留下位置，表达感恩与尊重，那同样的困难与障碍也会出现在你与他的关系里，甚至影响到你们未来的孩子。孩子出于忠诚与爱（盲目的）会与被排斥的前妻的命运紧紧相连，从理智上讲，匪夷所思；从能量守恒原则来说，却情有可原；从家族的整体、序位、平衡原则来讲，更是名正言顺。因为本该有位置的人没被承认、没被尊重、没被认可。

你们现在很幸福，很好。请继续关心对方，支持对方，给对方以信任、体贴、温暖。相信每一个愿意有归宿、愿意有依靠的人都不忍离开，除非他是不想要幸福的人。

有一天他会离开你，这是你的担心，也是你潜意识里深藏着的分离焦虑。这份焦虑与男友无关，与父母有关，与从小被养育的环境有关。当你无数次重复这种担心时，心念的力量可能会吸引来这种你不想要的结果，因为你的潜意识只听见你反复在说：他会离开。而你会有这种担心，是因为你不相信他，也可能是因为你曾经历过和最亲爱的父母的早期分离。“他会离开”这句话，残酷却真实。你让过去的影子投射到今日的墙上了。

任何关系，即使是山盟海誓、恩爱缠绵，愿意长相厮守的关系，最终也会分离——不是生离，就是死别，这是无法更改的结局。正因为如此，我们才更要珍惜在一起的每段时光，不是吗？真正的爱，是给予对方高品质、无条件的陪伴，专注而宁静、热烈而天真地与对方共度相处的每寸光阴。爱你如我，爱我如你，交融而缠绵，懂得而宽容。

所以，亲爱的，如果要让他继续留在你的身边，呵护你、关心你、保护你，那请你学会回到当下的时空，以一个成熟女性的身心来迎接他、接纳他、包容他。

祝福你们！

冥想练习：与伴侣的和解。

力虹语录

心念会创造现实，就像担心会变成诅咒一样，越害怕的，越出现。如果能够自如放松地对待关系，对方轻松，自己也自由。没有人愿意跟整天疑神疑鬼的人共处一室。

Q10 害怕男友移情别恋，怎么办

我总担心如果有比我漂亮、比我身材好的女人出现，我的男友就会移情别恋。我看了很多书，都说我的这种想法不对，但这种想法在我心里根深蒂固。这难道不就是现实吗?

看来，你只有两条路可走：把天下比你漂亮、比你身材好的女人都干掉；把你的男友眼睛蒙住，只开一道小缝，让他的目光锁定你。

遗憾的是，这两条路看上去都不太现实。首先，就算你把周围比你漂亮、比你身材好的女人都干掉，时空浩瀚，美人如雨后春笋，你防不胜防；其次，就算你的男人眼睛只余一道缝，周遭的美女仍然会在工作中、在聚会中、在社会活动中……频繁地出现在他的余光中，你仍然是防不胜防。

智者说，如果遍地是荆棘沙砾，请为你的脚做一双柔软的鞋子。因为铺地毯是铺不完的。如果你天天生活在担心男友移情别恋的焦虑与恐惧中，生活焦点锁定在防范美女靠近他，臆测所有可疑的美女与他好事成双，那他一定会移情别恋，来满足你强大的潜意识投射出来的意愿。

他的离开，不是因为有更美更好的女人出现，而是你潜意识成功地把他逼出你的生活，以此印证你内心强大的信念：男人都是不可靠的，他们只会被美貌与性感吸引。

如果你生活的重心与焦点不能从担心与焦虑里收回，不妨反问一下自己：“男人不可靠”这个信念来自哪里？妈妈、奶奶、姥姥，还是？试着去理解她们下这个结论的时代背景、个人际遇、生活经历，同时，对自己说：我可以活得跟她们不一样，我可以与一个忠诚可靠的男人共同生活下去。

如果有继续探索的愿望，请跟自己的内在孩童对话：你是不是觉得自己不够美貌、不够性感？害怕输给其他女人？

如果你的内在住着一头凶残的狼和一匹纯良的马，你猜哪一个会更强大？智者会说：你喂养哪个更多，哪个就更强大。半杯水的故事我在工作坊里也讲过许多回。有人说，太好了，有半杯呢；有人说，唉，为什么只有半杯？你的心决定你的世界。

心聚焦之处，便是实相呈现之处。

让自己演了那么多年，是时候让你根深蒂固的内心戏浮出水面，请看见，疗愈，穿越，改写剧本，重建价值观，重塑信念。

当你放下自卑、焦虑、担心，身心柔软，浑身散发出包容、自在、良善、乐观时，男友只会围着你转，他的眼中也只有你。

祝福你！

力虹语录

把任何关系都相处为竞争关系时，你的世界只余胜者与输家，你可能就错过了活生生的，有情绪、有感觉、有温度的人。

Q11 要不要坚持家人反对的感情

一段感情，如果家里所有亲人都反对，我还要不要坚持呢？

家人反对的理由是？

亲密关系的真相是：当你接受一个人，不仅要接受他本人，还要接受他的原生家庭、家族。表面上只是两个人在恋爱，事实上还有各自背后的家庭、家族，甚至前度关系；如果跟前度关系有孩子，还需要有孩子的位置。所以，事实上，这是两个家族的关系。

众叛亲离的感情，通常坚持不了多久。即使身在一处，心也会四分五裂，情绪七上八下。被祝福的感情当然会比被反对与嫌弃的感情发展得更顺畅。

在工作坊里，我经常也会遇到这样的案主，在婚姻里双方相处得非常困难，双方家族制造的障碍每天都在更新，搞得当事人双方都身心俱疲，难以应付。当初，他们因为轰轰烈烈的爱，不顾双方父母及家族的反对走到一起，执意结婚。之后，双方关系却骤然降至冰点，断崖式疏离、冷漠，家庭氛围犹如暴雨前的低气压般总是让人呼吸不畅，一心想要逃离。

他们能做的是，带着尊重，与双方的原生家庭、家族联结、和解。尊重家族的命运，承认自己身为家族后代，也是家族的一分子，无条件地尊重家族里的每一个人，尊重他们的命运；同时，也请家族长辈及父母允许自己过与他们不一样的人生，承担自己的命运。请长辈们允许并祝福自己拥有幸福：我尊重你们的命运，尊重你们的意见，请你们也理解我的局限，接受我的选择；如果我能生活得健康、幸福、快乐，请你们祝福我；如果我活得跟你们不一样，也请你们允许我！谢谢你们，我爱你们！接着，可以把自己的伴侣介绍给家族长辈，请他们接受并祝福你们。做完这样的联结与和解，你便知道是否需要坚持。

祝福你！

力虹语录

因缘和合，指的是不但要有内因，还要有外缘。当这两个条件都成熟时，才会心随所愿，所愿皆成。

Q12 和男友沟通不畅，怎么办

我总觉得男友不能向我敞开心扉，对我倾诉心里话。我们的学历有差别，对文字、事物的理解也有很大的差异，很多次我说的话他都无法理解，还要费力跟他解释。我觉得和他沟通起来很困难，我到底还要不要继续和他在一起？

亲爱的，从你的字里行间，读出了“你高他低”的言下之意。在关系里，我认为最重要的并非学历，也不是对文字、事物的理解能力，而是双方是否都有爱对方的能力。这个能力是不带评判、不带期待、不以自我为中心的“临在”。重中之重是，能否真正地尊重对方，看见对方是跟自己不一样的、独一无二的生命。如果两性关系里，两人完全一致，那就不是“两”性亲密关系了。如果只试图证明自己的“对”，那么分手也近在咫尺。因为亲密关系不是双输，便是双赢。如果把亲密关系处成了学业、工作、事业上的竞争关系，那是普遍却有些遗憾的事。势均力敌的伴侣并不常见，更多的伴侣是取长补短、互帮互助、共同成长。关系里是被喂养，还是被滋养，决定着你们关系的未来走向。

单方面地想要改造对方几乎不会成功，且常招来激烈的反抗。至于沟通，通过技术层面可以解决。尽管两性之间的沟通方式是不同的，男性通常是想好再说，女性是边想边说，所以男性往往不知女性所云，失去听下去的耐性。男性需要给女性更多说的时间，让她在说的过程里理清自己的思绪。只要双方都肯敞开自己，愿意倾听，愿意倾诉，想必沟通是不难的。

沟通时间的长短、话题的深浅、沟通的频次及要求，你们都可以明确向对方提出来，并量化它们，让习惯于理性思维的男友觉得可操作、可完成、可执行。而你可以试着用更直白的语言来表达所思、所感、所想，与男友产生共鸣。

当然，最重要的仍是你对他由衷的尊重与包容，否则，就算沟通技巧再过硬，他的内心也会有阻力。只有你的理解、包容与接纳，才能让他乐意与你分享生活、工作里的点滴，才愿意对你敞开心扉。

力虹语录

真正好的亲密关系，当然是双向奔赴；单方面努力、一方僵固在原地的结果可能指向分离。

Q13 为什么我总是遇不到能真心对我的人

我谈过的几次恋爱，每次想起来都让我痛苦不堪，我觉得自己每次都被人欺骗。现在我对感情已经心灰意冷，但面临婚嫁的压力，我又觉得不堪重负。不知道为什么我总是遇不到能真心对我的人。在感情的波折中，我该何去何从？

安静下来，问自己：我用真心对待过他吗？在跟他的交往中，我全然信任他吗？我有担心吗？我有设防吗？我有功利心吗？

据我观察，被骗的人通常内心有个贪心的“钩子”。检视一下自己的内心，有没有那个贪心的、有所图的“钩子”？

这个“钩子”通常很隐秘，经常会成为冠冕堂皇地合理化自己行为的理由。当我们可以勇敢直视自己内心时，便可以取出这个“钩子”，把它放在光天化日之下，看见它，给它真心的拥抱，通过自己来满足它。

举个我自己的例子吧。在前段婚姻里，我根本没有去“爱人”，而只是等待着“被爱”，以一个孩子的心态，渴求、索要对方像母亲一样照顾我，满足我对爱的一切需要。我希望对方体贴，能给我安全感，让我有被呵护、被温暖、被尊重的感觉。

事实上，对方是被我物化了的。他不过是被我当成在生命低谷期能遮风避雨的一个港湾，一个被我视为可以满足我各种需求的男人。在马斯洛的“需求五层次”里，我以为对方可以满足我前三个层次的需求。但是，只要“爱”有了条件和限制，就不可能自然涌动、呈现了。

在爱之中，真正重要的是懂得爱、给予爱，爱只会在真正的爱中得到滋养。而本质上爱是无条件的，它不以任何一个特定的人为对象，它是自然而然地流露与绽放，它是一杯水装满后自然溢出来的部分。当我们紧缩、恐惧、患得患失，不停用“探测器”试探对方究竟对我们的爱有多深、有多久时，我们往往会依据对方爱我们的程度来称量，来等价交换我们应该付出多少“爱”。我们怕自己吃亏、委屈、得不偿失。当这一切在悄无声息地进行时，我们已经中断了和对方“爱”的联结。

“被爱”与“爱人”形影不离，“被爱”是“爱人”的影子。而要有影子，必定要先有光源照射在物体上，而这道光源从何而来，答案是：从爱而来。

在真爱之中，爱是不会被消耗殆尽的，只会茁壮成长。去爱、去给予，都会让爱的溪流越来越宽广。相反，一味索求只会损耗爱的能量。

许多人还卡在“被爱”与“爱人”的不统合状态中，还在称量着、计算着，没看见自己爱的能力在一点点消退。怪不得前几年会流行一个词——“爱无能”。我们误会了，以为关系是为我们量身定做的，是为了满足我们的各种需求而存在的，剧情都会按我们的需求来发展，来演变，来开头、结尾。一旦有不满足的情况发生，一旦剧情不在我们的期望范围内，我们掉头就走，奔向梦幻的远方。但最终我们会发现，远方只存在于自己的幻觉中。当无法认清我们内在的真相时，我们就不自由，我们就无法跟爱相伴。

所以，我们要开始去“爱人”，而不再是等待“被爱”；我们要随时打开心房，随时去爱。在亲密关系里，最重要的，也是最困难的功课是“放下自我”。而人只有在放下自我时，才可能蜕变新生。

当然，爱之箭也是会伤人的。因为爱，我们往往会暴露自己内心深处最脆弱的地方，为爱心碎、受伤。但它也会让你全情投入，在爱中浴火重生。

那么，你愿意去勇敢尝试吗？

如果愿意，你就知道怎样与那个真心的人相遇了。“千年暗室，一灯即明”，试着让阳光透进心房。

敞开心，就无法避免受伤的可能。但更多的可能性是：与真情相遇。

祝福你！

力虹语录

只有从受害者、加害者、拯救者的三角关系里离开，人才能获得真正的自由。你必须为自己的人生负全责，这就是成长。

Q14 和男友消费观念不一致，怎么办

我和男友的消费观念很不一致，我希望能勤俭持家，而他花钱大手大脚。由于消费观不一致，我们的关系充满了矛盾。我们还要不要继续维持这段亲密关系呢？

亲爱的，因为你们的成长背景不一样，价值观、内在信念也不一样，所以你们的消费观有差异是一件非常正常的事。

如果你们的消费观念不一样，没有关系，你们可以商量决定：拿出各自收入的大部分来维持整个家庭的日常开支；明确由谁来主要（或者轮流）掌握家庭的财务大权，统筹安排必要的开销、投资理财等，另一方协助执行。在互相尊重的共同协作中，为整个家庭的有序、和谐发展筑牢经济基础。当然，仍可以留出少量供各自自由支配的部分，让彼此都保持一定的经济独立。

试试看，这样求同存异的方式或许可以减少你们之间的矛盾与冲突。

对你们双方来说，你既可以学习享受生活，也可以学会让金钱流动，让它为生活增添便利，扩充身心的丰富；他也可以学着

开源节流，学会克制冲动消费，享受延迟满足带来的掌控感。

这都是新鲜有趣的挑战与体验。希望这些冲突与矛盾可以转化成需要你俩共同冲破的关卡。互相提醒，齐心协力，相信在同一战壕里并肩作战的磨合会让你们成长。

当你们成长为两个能够独立又协同的生命体时，你们的亲密关系会走向更加美好的未来。

祝福你们！

力虹语录

如果在求同存异里发展出包容、理解与懂得，这便是伴侣之道最美妙的部分。快速破坏伴侣关系的绝招就是：我是唯一正确的。

Q15 男友对我总是百般挑剔，怎么办

男友成熟稳重、头脑灵活，我很喜欢他，可他对我总是百般挑剔。他挑剔我的，都是我自己最想改进的地方。可他越挑剔，我越紧张，越自卑，在他面前表现得越差。现在，我几乎不能忍受他的挑剔，可他的气质又很吸引我。这样的感情会有结果吗？

亲爱的，当你描述他对你的“百般挑剔”时，依个人之见，他并非一个真正“成熟稳重”的男人，而是典型的 PUA 高手。

当关系里没有由衷的尊重与接纳时，我认为，这是一种病态的关系。当然，这样的关系也有可能长久，但这需要双方“一个愿打，一个愿挨”，愿意配合“演出”。

你现在“几乎不能忍受他的挑剔”，这就是问题所在了。或许你“改正”的速度，永远追赶不上他“挑剔”的速度，他永远不缺挑剔的主题。而这些也往往是你的自卑之处。

曾经看到过一位被 PUA 的女孩子，为了男朋友，将体重从 120 斤减到了 58 斤，成了“行走的骷髅”。一位漂亮出众的女明星也居然因为男朋友的评价，去整形，搞得面目全非，悔不当初，最终男友也离开了她，自己深陷痛苦深渊，生不如死。

PUA 的力量是强大的，它是一种摧毁你内在价值的负向催眠心锚，如果加上内在的自卑，就会直接坠入自我摧残与自我否定的地狱。

去探究一下，他“吸引你的气质”后面藏着什么样的真相？如果在你的家族成员里，有一个“气质”跟他接近的人，那会是谁？你在与他的互动中，能看见什么？当他用“挑剔”这一手法装饰他的“小我”时，你仰视他的角度是否越来越大？假如他愿意放下身段，与你平等共处，你还愿意和他在一起吗？问问自己。

北大包丽被 PUA 的极端事件，你应有所耳闻。其实，这样的 PUA 人群是普遍存在于我们身边的，这类 PUA 人群都是无情、冷血、残暴的操控者。遇到他们，赶紧逃吧。放下拯救、改造他们的幼稚想法，他们的命运于你而言，太重了。那是在他们的原生家庭的养育环境里经年累月熏习而成的，已经浸入骨髓，伴侣又岂能靠一己之力扭转改变？有些心理学家称他们为“情感吸血鬼”，他们往往有魅力、有气质，就像你所着迷的一样。你们在一起，他会日渐光彩照人、魅力四射，而你注定是那个被敲骨吸髓、日渐枯萎的身边人。而他们的狂乱、粗暴，极端的掌控与操纵，失常的情绪等，都会让他们的内在痛苦难熬。他们应该去求助、就诊，但自负、自傲、飞扬跋扈的性情又经常会阻断他们求助、示弱的道路。这样的内在冲突势必需要释放的出口，而迷妹一样的伴侣是最可靠、最耐受、最不会反抗的发泄对象。

个人认为，如果一段关系不能让你充满被爱、被接纳的自信，不能让你舒坦地成为自己，不能在地位上获得平等与尊重，那么赶紧离开吧。耗下去，只会激发出你内在更多的恶意，甚至让你对整个世界都充满阴郁、沮丧的绝望。这是很可怕的结局。你说呢？

世界这么大，为什么不去寻找能激发自己善意的伴侣呢？

当你对自己有清醒的觉察，看清自己在关系里扮演的角色，并愿意改变剧情时，结果才可能不同。

祝福你！

力虹语录

挑剔便是攻击。这其实是一种自恨与愤怒，是转向弱小无辜者的恶意释放。

Q16 爱上不该爱的人，怎样才能放下

爱上了一个已婚的男人，曾经好几次想要放下对他的感情，但是都失败了。在遇见他之前，我没有谈过一场恋爱，他给我很多第一次的感受，有甜蜜的，也有痛楚的。我该怎么做，才能放下这段感情？

冷静下来，听听自己内在的声音。弄清楚，他吸引你的是哪些部分，在一张纸上写下来，十条就好。用另一张纸，写出你父母的十大特点。去比较一下，两张纸上的相同处或互补处，你就能明白，为什么这个已婚男人会吸引你，让你难以割舍。收回内心的渴望与投射，还原你自己，就可以放下这段感情。

他给了你许多的“第一次”，这是你生命经验里不可缺失的部分。请在心里给他留一个位置，感谢他曾经给过你的一切，这样就足够了。然后，转身，走向前方，用心智成熟的女性姿态，去开始一段崭新的恋情吧。

也许，转身的时候，有挣扎、有纠结、有不舍、有留恋、有依赖……但那都只是过程。如果不想再活在期待与依赖、无望与无奈的牢笼里，就请转身。毕竟，路在你自己脚下。

去疗愈，去清理，去和自己的内在孩童联结。

去尊重，去联结自己的生命源头，让自己的内在生命力充足。

生命之河就是这样滚滚向前，它不可能让你的诸多“第一次”一直停留在这个时空里，一切都在变化中，而人是无法只靠回忆过活的。每一段崭新的经验都是鲜活可爱的，让内在流动起来，生命的画卷才可能五光十色。

放下执念之时，你便拥有了新的可能性。

知道“不该爱而去爱”这个选择本身也显现出你内在的叛逆与冲突。而这些必须由你自己去达成和解。外境只是一个提醒、一种表达，内心的修正与和平，只在你的内在发生。对方的出现并非偶然，他是为了配合你完成这段疗愈和完整而来。所以，谢谢他，然后转身，走向新的可能性。

用心去活，用心去爱。修心的目的如果不是为了发展出慈悲与智慧，那就白修了。

力虹语录

一段纠缠、不合时宜的亲密关系里，通常藏着需要你面对的内在深层次的需求。

Q17 急脾气的我怎么和没脾气的男友相处

我身体不好，但好强，急脾气。我男朋友是个没什么脾气的人，啥事也不操心，都是我说什么他才去做。我的身体状况不能生气，但我又控制不住自己。年底就要结婚，想到要和他过一辈子，心里就堵得慌。有时说他之后内心又很纠结，知道要改变自己的心态，但就是做不到！

优质的亲密关系的前提是：两人都成长为平等的成年男女。而我们的亲密关系多是错位的组合——母亲与儿子，父亲与女儿，父亲与母亲，儿子与女儿……投射与认同不亦乐乎，角色扮演得浑然不知。当“父亲的乖女儿”与“母亲的乖儿子”相遇，双方都只是想让对方成为自己的父亲或母亲的替代品，而这只是亲子关系模式的延续，根本还没进入亲密关系。“母亲的乖儿子”会讨岳母开心，却难以与岳父建立良好的关系；同样，“父亲的乖女儿”能与公公和谐相处，却难以攻克人间最困难的婆媳关系，甚至势不两立。

大家都在关系里疲于应对，很多关系从浪漫期走入权力争夺期时，便画上了句号。如果双方始终长不大，下一段关系还会旧戏重演，重复同样的关系模式，终点站也大同小异。

去看见自己身上那个始终在抱怨、在纠正对方的人是谁？我猜那个人极有可能是你的母亲，或者你的外婆。你从小在那样的指责、抱怨、碎碎念的环境里长大，的确很难不着急，不生气。

身体不好，已经是提醒你的一个信号，如果一直这样没好气，那身体的确很难好，身体里堵塞的都是不通畅的能量；而松，却可以让身体变得通畅，往好的方向移动。可是，你就是太紧张了。其实，男朋友就算什么都不操心，那又怎样，天塌不下来。当你问自己“何事惊慌”时，试着去听听内心的回答。

很遗憾，这个世界不在任何人的安排与掌控、计划与规划之中。与男朋友相处，只有松开你自己时，他才会有改变的空间与可能，没有人是愿意与紧张的人相处的。相信你能找到一条与他和谐相处的道路，你们可以用非暴力沟通的方式来表达各自对婚姻的期待，在婚姻里想要被满足的部分，以及如何行动。听听看，是否与对方一致，能否找到共同的移动方向。进入婚姻，伴侣双方也许就不再是看向彼此了，而是看向同一个前进方向。在这个方向上，可能是共同的孩子、共同的兴趣爱好、共同的事业……

总之，恭喜你快成为新娘了，只是千万不要成为“新的娘”。当你大包大揽，视丈夫为儿子时，他必然会叛逆。像他没什么脾气，啥事也不操心，这其实是一种隐形的攻击和反抗，是高压下的无声抗议。也许，在他的原生家庭里，可能就有这样类似的、发不出声音的父亲，以及一位与你相似、爱操心的母亲。隐忍只是他暂时的策略，等他内心强大，“长大成人”后，就可能去另寻平等的玩伴了。所以，只有退回到他伴侣的位置上，你才有幸福的希望；何况，他早已有了娘，你就安心做他的妻子，天下太平。

请看着他的眼睛，对他真诚地道声：谢谢你选择我成为你的伴侣，谢谢你的陪伴与信任！我们是平等的。在你的内心，试着放下对他的成见，也放下改造他的心愿。任何人都不愿意被人改造——除非他在宽松的环境里，并被允许可以不改变。只有这样，改变才有可能发生。

生命都是平等的，因为个性上的差异，才有了彼此间的吸引。关系里不用争强好胜，否则结果只有两种：双输或者双赢。竞争式的关系被我们使用得太久——在学校、在单位、在社会中、在家里，就放弃这种竞争吧。

祝福你们！

力虹语录

当遇到真正的爱人时，你所做的改变都是自动自发的、无怨无悔的。只有不够爱时，才会计较。

Q18 灰姑娘怎么追到白马王子

我喜欢上了一位各方面条件都好的异性，但自己长得很一般，性格内向，口才也不好，还没谈过恋爱。面对他，我很自卑，灰姑娘怎么追到白马王子？

白马王子不是追来的，他是被灰姑娘吸引来的。走进他的心之前，先走进你自己的心吧。

自信的、全然绽放的女人才能吸引异性，才可以让他真正地“看见”你。当你身上贴满“我不配”的标签时，别人无法走向你。

所谓的灰姑娘和白马王子，都是肤浅的表面现象；心心相印的联结，才是恩爱缠绵的牵引。抛开他那些遥不可及的“完美”条件，请看见真实的他，接受他也会吃饭、上厕所、发脾气、挑三拣四……

还记得那些与“爱情”相关的节日吗？在这些节日里，你的内在有什么触动？

目之所及，抖音、朋友圈等自媒体里全是各种单身恐慌。

这些年在我的疗愈工作坊里，遇见许多已到适婚年龄的女性案主，尽管她们自身非常优秀，却无伴侣与之共建亲密关系，个别案主年逾四十，还从未谈过恋爱，甚至连拉手的肌肤之亲都没有过。

父母无一例外地焦虑、担心、唠叨、唉声叹气、冷嘲热讽……七大姑八大姨最重要的工作自然是帮助安排各种款式的相亲。对于父母，我想说的是：早知今日，何必当初？从小就贬低、打压、否定、恐吓、威胁孩子，让她们无法建立自信，对自己的女性身份不认同，甚至对抗、否认、逃避，自我价值感极低，每天无数次启动自贬、自责、自我打压、自我纠结的模式。这些都是你们对孩子成功的催眠，长久潜伏在孩子的潜意识深处，关键时候便自动开启，不配得、低价值、匮乏感等完全笼罩于孩子的内心。年近五十的案主，甚至到现在都无法离开父母，心理无法断乳，真正进入成人世界。在内心深处，她还是个四岁的小女孩，一个期待爸爸妈妈随时关注自己的孩子。小时候，她一直没得到过关注，父母都是高知、业务骨干，全身心扑在工作上，连多看一眼孩子的时间都没有……

这样的孩子的潜意识里也许有三种台词：我要用这种让你们为我操心的方式来掌控、报复你们，让你们为当年对我的忽视付出代价；我要承担父母的命运，我要拯救、照顾他们，我如果离开，建立了自己的家庭，父母怎么办？人生就是这样了无生趣，我就是不愿意长大，与父母住在一起，起码生活上有人照顾我、关心我……

潜意识里的台词其实有好多版本，不胜枚举，以上三种只是最常见的版本。按各打五十大板的方式，对于孩子们，我想说的是：你已经长大了，让自己的心智与身体成熟度匹配一点，不好吗？为自己的选择负责是有风险，可是，生命的多姿可爱不正在这些风险中吗？在游戏里，你都有闯关成功的可能性，那在生活里，你又怎能断定不会有大把成功的机会在等你呢？最起码也有50% 的可能吧？个人认为，生命的意义正在于：死神始终站在我们的身边，而我们在他的注视下玩得酣畅淋漓，创造出各种新鲜的生命体验，其中当然包括被原始荷尔蒙驱动，走向亲密伴侣，建立自己的家庭，经历、体验不同的人生阶段。有人做伴的好处是：对方作为镜子，照见我们的内在。看清自己，理解他人。同时，有机会放下那个一直被“我”执着的“自我”，看见其他生命与我别无二致，希望每个生命都能远离痛苦，得到快乐。

无论如何，希望你们可以明白：父母之所以这样对待你们，实在是因为他们也不会，也不懂。搭上自己的一生，与父母战斗、共依存，配合扮演拯救者与受害者……不可惜吗？那些宝贵的青春岁月就这样在依赖与被依赖，互相折磨与纠缠中耗去，不心疼吗？光阴如梭，年华易老，人生是一个不断体验的精彩过程，错过，总归有点枉度此生。

尊重父母的命运，正如你也有自己的命运，都需要独自承担，无人能替。理解父母的局限，正如你也有你的局限。

不管怎样，下个情人节，下个七夕，我都相信你会收获自己的幸福。你先做好这件事：与自己相亲，懂得并接纳自己。每天早晚各花十分钟进行这个相亲仪式，看着镜子里的自己：1.介绍自己的所有特点，不加任何评判；2.对镜子里的自己讲每天做过的事，见过的人，可以如实感受自己当下的各种情绪，不加任何评判；3.保持凝视，慢慢爱上镜子里的自己。

只要与自己的相亲成功，只要你开始转身，朝向自己的人生移动，你就会看见：那个等待多时的他正向你走来。

白马王子只会被内在充满自信、外在活力四射的灰姑娘吸引。

还有一个练习，你也可以做：

1.用三张人像卡分别代表以下三个层面的自己：

（1）真实的我；（2）社会面具下的我；（3）父母期待中的我。

三张卡片放在地上，请你站在每一张卡上去体验身体的感觉、情绪的感受、脑海里的念头。

2. 用绘画的方式，画出从（2）（3）通往（1）的道路。

当你真正能走进自己的内心，能完全接纳自己本来的样子，允许自己全然绽放时，他也许已经不是你唯一的选择了。那时的你会放下对他、对“完美”的执着，你会发现身边还有好多蝴蝶在围绕你翩翩起舞。你的选择余地更多了，不好吗？

力虹语录

内在自信的人，才会散发出魅力与光芒。而足够的爱，会让人找到自信。

Q19 很容易感动是内心缺爱吗

人家对我一点好，我就感动，就好喜欢他；别人给我一点温暖，我就会跟着他走。这是因为内心缺爱吗?

人家对我们“一点好”，我们理应感动。因为这个世界上没有人应该天经地义地对你好，为你无私付出，所以置身关系中，应常怀感恩之心。而关系的持续、稳定需要平衡。比如当对方给你“1”时，你可以回馈“1.3” “1.5”；当他给你“2” 时，你再回馈给他“3”……如此，这个关系的车轮就会平衡、和谐地向前滚动了。

因为他的“一点好”，你就非得好喜欢他，那倒没这个必要。有时，我们会刻意把对方的“一点好”放大千万倍，给自己制造出喜欢他的铁证和理由。其实，那都是我们的投射或移情。

别人给你一点温暖，你就会跟着他走，这样的做法显然过头、过分了。对方也承担不起，他定会逃之夭夭。关系里的施与受是遵循平衡法则的，如果失衡，那关系就难以为继了。想让对方快速离开，那就去加倍地付出吧；如果想维系一段长久的关系，那就带着善意，永远相互亏欠一点点。在平衡与失衡的找补与互动中，关系才会持久而趋向善的方向。

反观一下自己内在的渴望吧——那份埋藏得很深、很强大的被爱、被关注、被重视的渴望——与对方无关，这是你自己要去面对的功课。这种深层的满足感，这种被爱的感觉，是可以由自己创造出来的。如果始终把希望寄托于他人身上，那就会在苦中求不得，或者爱别离。对方的任何风吹草动，都足以让你草木皆兵。他的一个变化，就会引起你的惶惑不安，这样的日子不辛苦吗？

在现有关系里去观察自己，是不是对方离开就寝食难安、魂不守舍？是不是需要在对方面前反复证明自己的重要性？是不是对方有其他的异性朋友，你的内心就天崩地裂、嫉妒猜疑？是不是希望 24 小时与对方紧紧黏在一起？是不是觉得对方是你生命的全部？

如果是，那么就请你回来，做整合自己内在的功课，成为一个自信、自爱、自洽的人，祝福你早日走出渴望的深渊！同时，也祝福你能继续保持易感动、感恩的好品质！

力虹语录

心的问题由心来解决，爱的问题其答案在于爱。

Q20 自己在关系中是不是太功利

我之前的男朋友对我很好，但是不积极上进；别人给我介绍了一个学长，他很积极上进，但是感觉对我的关心又不是很够。我舍不得前男友的好，又舍不得学长的优秀，很痛苦。我这样是不是太功利了？

亲爱的，如果你只是看见了两个男人不同的长处，都不想舍弃，这谈不上功利。只是选择困难的后面都藏着对安全感的强烈渴望与追求。

如果你选伴侣仅仅是条件的比较、能力的权衡，而非两颗真心的共鸣、两人真情的互动，那么的确就称得上功利了，这样的你是在物化对方。无法把不同男人的优点都集于一人，让你感觉痛苦，但更多的痛苦来自我们的贪恋与执着、期待与索取。如果既要又要，那未来的完美版机器人才可以满足你的各方面需求了。但人类是身心时刻都在觉受、各种信念不断起伏的情感动物。

顾此失彼的痛苦，投射出内心的缺憾与渴望，得不到的永远在骚动。而靠着他人来满足内心的缺失，永远不会奏效，因为你肯定还会发现第三个人比这两位追求者更优秀，有更多新鲜的优点。

追逐，是无止境的。倘若我们没有看见自己内心的坑洞，那么我们就会天真地以为，一定存在能填满我们内心坑洞的救赎者。

如果我们不是单向地、婴儿般地期待对方能带给我们什么，来填补我们的内心坑洞，来填满自己恐惧的深壑，如果我们能多为对方做些什么，让对方因为我们的付出而多些快乐与幸福，那这样的关系才会和谐融洽。

试试看，当你放下物化对方的标准与条件，与他真心相爱，为他多些付出，当施与受达至平衡时，你们建立一份和谐美好的关系就大有可能。

在相处的过程里，去观察你们处理危机的能力、沟通的能力，这些能力在关系里也非常重要。比如，开诚布公地告诉对方你在关系里的期待与要求，对方就会主动评估自己是否能够做到，不至于未来某天，你的期待幻灭，对方还一头雾水，以为你选择他，就是因为他有这些你如今无法接受的部分。

分手，很大一部分原因是了解对方后，期待幻灭所致。

因此，不如在开始前，就先测评好契合度。这样理性的方式也许适合你，也许有利于你做选择和决定。当然，最好的方式还

是来家排场域里看见你的真实状况。头脑会骗人，身体与潜意识不会。就像我们经常看见案主在多段关系里都以分手告终，她们需要联结和解的却是初恋伴侣或者父母，甚至是之前未活下来的孩子。影响我们亲密关系的，远远不只是这些表面的条件，还有更多的内在动力。

举一个案主的相亲故事。她和无数个相亲对象的见面都以失败告终，理由是对方穿皮鞋难看，或者穿着不时髦，或者鼻毛太长，或者眉毛太少……理由多到匪夷所思，每个相亲对象都被她成功地拒绝。在场域里，看见她紧紧依偎着父亲，像一个五六岁的孩子，而父亲也很享受这种父女共依存的错位关系，不舍女儿离开。当了解这些潜意识里的戏码时，她才可能真正看见自己相亲永远不成功的真实动力以及解决方案。

所以，我们在关系里的两难选择通常也与原生家庭、家族里的某些动力相关，归位——和解——走出纠缠——成为自己——走向爱，这是一个疗愈、整合自己的捷径与方案。

祝福你！

力虹语录

播什么种，结什么果。因果不会放过任何人，也不会亏欠任何人。

Q21 相貌差的男孩，都是我吸引来的吗

儿时的我经常被帅气的男孩轻视。现在学会了打扮，自认为还不错，可在相亲的时候，只要对方长得帅，我就会避而远之。虽然我内心还是希望找到一个相貌还不错的男生，可我没有自信。现在和我相亲的男生相貌都很差，这些都是我吸引来的吗？我不知道如何去平衡自己。

亲爱的，既然你这么关注相貌，那就说明你需要在相貌部分有更多的自信。其实，人的自信程度并不与他的外表紧密相关。在我服务过的个案里，许多案主都是俊美出众的男女青年，可是他们非常自卑，甚至不少还有自残倾向。当然，这与他们在婴幼儿时期被养育的方式有关。

我要说的是：相貌差的男孩并不能给你安全感。不要以为相貌差就是不出轨、不背叛、不花心的先决条件。同理，帅气男孩也并非出轨、背叛、花心的代言人。

丑男必忠诚，帅哥会出轨，从择偶标准来讲，这是一个荒唐的逻辑。

但从生物繁衍的本能来讲，我们喜欢漂亮的人儿是再正常不

过的。相貌帅气，不光是让人赏心悦目，更多女性的潜意识里还会认定，我的孩子将有相貌俊美的基因。为自己的孩子寻找好基因，是动物先天的本能，人也不例外。这也就是为什么长相好的人可选择伴侣的范围更广、追求者更多，其背后有着动物求偶时择优而配的本能驱动。

人类发展到今天，靠相貌英俊帅气与身体结实强壮取胜的择偶观越来越被淡化了，更多的男人靠着财富与权力扩充了自己的择偶可能性。当然，这仍然是女性在为养育自己后代争取更好的物质保障做准备，仍然是原始本能的驱动，只是换了包装。

经济独立的女性也走在了主动选择的道路上。近年来，“姐弟恋”盛行，这当然是“妈宝男”“巨婴”们从母亲处延续而来的心理需求，“姐姐”们内在力量的增强，让她们成为“弟弟”们的身心依靠。

在择偶的多元化时代，你还要抱着帅与丑的外貌标准去对号入座？

依个人之见，最美的人不在于他的容貌，而在于由内而外绽放出来的自信以及突破了自私自利局限的善良。这样的魅力是令人难以抵挡的，何不让自己成为这样自信善良的人儿？

从内心找回那点“我值得”的自信吧，虽然大多男生是相貌协会成员，虽然他们的第一印象大都还停留在女性的颜值、身材上，但我们身边也不乏相貌普通的老婆嫁帅哥老公的例子，不少男性最后都会选择自信而善良的女性当伴侣。毕竟，短暂的激情敌不过恒长持久的爱。不过，你也可以去觉知内在，真正看见自己的哪一个部分不配得，为什么不能与帅哥般配，你真正担心的是什么。

初见时的倾心可能始于颜值，久处融洽却一定因为内涵。毕竟，人与人的相处并非靠相貌维持，如果一个帅气但内在贫乏、苍白、浅薄的男人在你面前，你真的会选择他吗？如果相貌一般，可是他温暖、细心、幽默、风趣、豁达，这样的男人不会吸引你吗？

还有最重要的是，你们的三观是否一致，对关系的愿景与期待是否相同。

去寻找那颗与你内在真实相印的心吧。祝福你！

力虹语录

因缘的不可思议，超过我们以为的。凡我们遇见的，都是必须遇见的，没有一个是错误。

Q22 我41岁了，为什么还无法恋爱

我又胖又丑，高中学历，家境一般，是这些影响了我去谈恋爱吗？我追的男明星们一代一代都老了，有的成家了，有的有娃了，而我还在继续追逐新生的偶像。现实中，从来没有一个男人追求我，这是为什么呀？

看了你发来的照片，我并没有看出你所描述的胖与丑，你与艳丽的女明星相比，可能是有些不一样。就算这样，我想，你仍有可能去遇见一个两情相悦的伴侣。

你无法堕入爱河，也许，那是因为在你的潜意识里还有好多人需要拯救，也许，你还不想进入成人世界。

在爱他之前，先爱上自己。当我们无法爱上自己前，所有的“恋爱”都是谎言。必须先回答自己一个问题：你爱自己吗？

一个人若连自己都无法去爱、去理解、去懂得、去包容，又怎么可能将这些给予另一个人。

爱上自己的困难之处在于，我们无法确信自己是值得被爱的。因为从小到大，我们听得最多的可能是：

“你不行！”

“你不如别人！”

“你长成这样，长大有人要吗？”

“怎么老听不进去我们的话？”

“干什么事都干不好，活着干吗？”

“长大去捡垃圾！去当农民！去做搬运工！”

“为什么老是出错？”

“怎么又浪费钱？”

“不知道我们家很穷吗？”

“要不是因为你，我早就离婚了。”

“真没出息，我造了什么孽，生了你这样的孩子？”

“你们 × × 家没一个好东西！”

“本来，我是不想要你的。”

“怀上你，是个意外。”

“如果你前面的那个孩子活着，就不会有你了。”

“把你送给别人，可能都没有人要。”

“早知道你今天是这样，就不该生你。”

刀子一样的恶语，刀刀见血。心上的伤痕累累，包着血肉模糊的疼痛，结成坚硬的防御老茧。每每被人揭开时，仍是刻骨铭心的伤痛，以及随之而来强大的自我怀疑、自我贬低。这个时候，那个受伤的内在孩童总会应激反应，抢先跳将出来，面红耳赤，据理力争，为自己正名；同时，又心怀恐惧，生怕对方一眼看穿自己努力隐藏起来的自卑。

追逐偶像可以转移注意力，对自己现实生活里的一地鸡毛视而不见，逃避当然比面对要容易得多。可是，你可以逃一辈子吗？意淫当然是一种满足自己想象与幻觉的途径，可是对于终究要回归世俗生活的你来说，余生仍要活在对偶像的幻想里吗？有时候，我想你是很清楚自己正在做一场自编、自导、自演的人造大梦，这是一种让自己不去感受孤独、寂寞、无助的权宜之计。“看上去很好”——也许你得到的只能是这个空无一物的标签了。

从照片里看得出，你的身体有些紧张，试着从放松身体开始，练习呼吸，让吸入的每一口气都沉入丹田，把体内的紧张不安等情绪呼出体外，然后做一些上举双臂，像迎接阳光一样舒展身体的动作。身体状态的改变，会改变你的内在心境。

同时，我也请你每天做五分钟的照镜子练习。在这五分钟里，赞美镜子里的自己，你身上有哪些是你欣赏并接纳认可的特质，就从这些特质开始，持续至少七天的练习。每天，你还可以用自由书写的方式记录这七天的变化：

当我第一次端详镜中的自己，我脑海里闪过的第一个念头是——

我对自己的第一个评价是——

当我听到自己的评价，我感觉到——

我感受到——

其实我想听到的是——

我最真实的内在渴望是——

经过这次练习，我理解自己更多一些——

爱自己的练习完成后，你可以继续自由书写练习：

我追逐的明星身上最吸引我的是——

这些特质与我的某某（亲朋好友皆可）非常相似，我爱这些特质的理由是——

我想要的伴侣关系是这样的——

我期待中最美好的一天是——

为了到达这美好的一天，我现在能做的是——

……

（经由这些练习，相信你的内在会生发出来更多的创造力，继续）

终究，人还是得面对自己。当然，你也是被允许不改变的。

如果想为自己的人生改写一个新剧本，活出自己的独有版本，那就需要一步步看见真相——疗愈——归位——和解——走向自己的人生。

相信下一次你再描述自己时，可以用不同的词语。

祝福你，活出自己的人生！

力虹语录

紧缩、闭合的花骨朵，必须从内在生发出力量，绽放给世界。强力剥开它，不会绽放。

Q23 不敢接受家庭条件好的男朋友，怎么办

我出生于农村，家庭条件很差，虽然上了大学，但每次遇到城里条件很好的男同学追我，我都断然拒绝，我怕他和他的家庭瞧不起我。怎么办？

你看过电影《香奈儿秘密情史》吗？令人唏嘘、伤感。讲的是一个幼年被父遗弃的穷家女子，如何在尘世里挣扎、生存，如何在落寞、孤寂中追求成功，如何使尽浑身解数挤入名利场。

她遇到此生最爱的亚瑟·卡柏，却无法长相厮守。后来，她遇到了生命里第二个深爱的男人——俄国著名音乐家斯特拉文斯基，然而仍旧劳燕分飞。

在亲密关系里，她无法敞开，她无法投入全力去爱。因为怕痛、怕受伤、怕被遗弃，于是她选择坚强、独立、孤独。

这样的人生剧本你想要吗？如果不想，那其实可以创作另一个新剧本，一个独属于你的剧本——勇敢无畏，打破固有僵化信念，找回自信心，鲜活地用生命去活、去体验的剧本。

如果是真爱，就可以跨越阶层、职业、民族、年龄。也许，我们无法改变别人的信念系统，但我们可以改变自己、悦纳自己。就算出生于贫穷家庭，你同样值得拥有美好的爱情，你也要允许

自己拥有幸福。如果对方是以原生家庭的贫富来决定取舍的话，那这样的家庭并非你的理想归宿。毕竟，就算你使尽了浑身解数，也无法改变你出身寒门的事实。无法被善待的家庭氛围与环境，会让人生病的，你还要吗？同样，如果对方家庭富裕，其家人又都非常有素养，能尊重、接纳你，那你又何必拒绝？

金钱不是你的敌人，自卑才是。疗愈整合自己是接受伴侣的前提。爱情的孪生姐妹是平等。只有平等，才可能在爱情的长河里长久畅游，一旦世俗的平等被打破，有了高下、尊卑之分，爱情的结局便可能走向悲剧。

冥想练习：与真实的自己和解。

力虹语录

再好的珍宝若在一个不相信自己值得拥有的人手里，也会变得平凡，不足为惜。他会认为：这是赝品，我这一辈子只配拥有便宜货。

Q24 为什么每一段爱情都让我好痛

我 1 岁时父母离异，唯一对我有恩的是抚养我长大的奶奶。初中我就开始谈恋爱了，每次都一见钟情，结局都是不欢而散。现在我 37 岁，感觉自己一无是处，再也不敢去爱了。因为每一段爱情在分手时，都让我肝肠寸断、痛不欲生；每次分手，对我来说，就像世界末日。每次恋爱我都仿佛被人高抛起来，以为可以拥抱蓝天，但结局都像是被人恶狠狠地扔到漆黑的大海里。

亲爱的，你每次分手都感觉自己像是被人恶狠狠地扔到漆黑大海里的那种肝肠寸断、痛不欲生，都是你幼年与父母分离时，他们把你扔到奶奶身边的历史重演。这的确让人痛入骨髓，伤入心底，伴随着的通常还有自我攻击与自我怀疑，更易建立起“我不配得，我不值得被人爱，我会被抛弃的，连最亲爱的父母都可以抛弃我，还有什么人会留在我身边呢？……”的内在信念，它们如魔咒般一遍遍在脑海里自动重播，一次次在情感关系里被反复印证。我们靠着内在稳定的潜意识信念系统，一次次创造分离的结局，一次次体验那些无法言说的痛，又一次次飞蛾扑火般奔向每一个向我们示现出温暖与好感的对象。

父母在你 1 岁时离异，所以，你的人生里缺少了亲密关系的榜样。而在养育过程里，他们的缺位，对你而言无疑又是雪上加霜，造成巨大的“我是个累赘，不值得被父母爱”的心理创伤，以及情感上永远填不满的匮乏感与空虚感。好在你有位仁慈善良的奶奶，给了你（替代性的）父母之爱，给了你生存下来的宝贵资源。

亲密关系是最容易疗愈或者最容易触动我们童年创伤的场域。正如心理学家阿德勒所言：幸福的人用童年治愈一生，不幸的人用一生治愈童年。童年时那些未被表达的情绪、未被满足的需要，耳濡目染的生存策略，以及自我加工形成的核心价值观共同塑造了我们的内在孩童。

在亲密关系里，在双方坦诚相见的互动过程里，对方的一个眼神、一个表情、一个漠然的反应，都会刺痛我们的内在孩童，那个被漠视、被贬低、内在价值感低的孩子会被瞬间联结到，那些属于旧日童年记忆里的画面会被勾动出来，那些往日已经形成习惯性条件反射的应对模式会快速出现。而对方顿时被我们投射成童年那个最不待见我们的“坏人”——很有可能是我们的母亲、父亲或者家族里的任何一个人。那些对爱求而不得的绝望之苦刹那间把我们紧紧包围。于是，歇斯底里、捶胸顿足的愤怒、抱怨、指责一涌而出，把对方搞得一头雾水、不明就里。抑或，我们缄默不语，只用僵硬的肢体、麻木的表情、冷漠的眼神将自己封闭起来，关上了通往对方的心门。而冷暴力的场域会让对方觉得冰冷、孤独、无助，也许会勾起他内在孩童的惯性逃避反应模式。毕竟，像你这样的人最容易吸引来的同样也是在冷漠人群里找温暖的受伤人士——大都也来自破碎的原生家庭，也有伤痕累累的童年。互相抱团取暖、恩爱缠绵后，是惧怕分离的恐惧与担忧。然而，无止境的索爱却是你们关系里最难逃过的硬伤，因为没有人能给予对方自己没有的东西。当我们内在带着偏见与过时的信念与对方相处时，会导致扭曲的观察以及对对方行为的错误解读，进而常发生误判对方的误会与冲突，进入孩童状态，胡搅蛮缠。一个没有体会过安全感的人，在亲密关系里犹如小鹿般惊恐警惕，防御盾牌随时竖起，求不得苦、爱别离苦，时时都在折磨、缠缚着自己的身心。

好消息是：爱是可以学习的。如果你不想再重蹈覆辙，愿意为自己的亲密关系改写一个新剧本，那么去疗愈自己的内在孩童，去看见亲密关系里的那些冲突与矛盾——无一不是因你在过度追求安全感、过度追求控制权、过度索取爱与关注所致，无一不是内在孩童在表达自己内心的真实渴求与期待，只是用力过猛时，吓走了对方，伤害了自己。疗愈整合后，你再以成人的眼光看向过去，就会得到不一样的领悟与洞见。当你带着对自己的慈悲，带着与父母命运的和解，带着对奶奶的感恩，得到家族长辈们的祝福时，你便可以走向自己崭新的人生，开始建立和谐、有联结、有互动、有界限、有回应，且彼此滋养的亲密关系。

祝福你，相信你可以翱翔于无垠蓝天，也可以畅游于蔚蓝大海。

力虹语录

世界如此丰富多彩、五彩斑斓，每一种颜色，都是美的。

Q25 我还有希望遇见自己的灵魂伴侣吗

我今年已经42岁了，海外留学归来，高薪职位，才貌双全，可一直没遇见我的灵魂伴侣。虽然一直有人追求我，但对方不是俗气，就是寒酸，再不就是愚钝无趣。唉，我还有希望遇见自己的灵魂伴侣吗？

从你的话里，我听出了你高高在上的优越感。条件好，成了你择偶进程里的障碍。

有人在追求“灵魂伴侣”，以为那是伴侣关系的最高境界，其实那只是缤纷的幻想。我们从小憧憬与向往的那些心心相印、至死不渝的爱情都不过是婴儿般的渴望。

婚恋如果仅以学历来配对，那就不必要恋爱了。恋爱是双方的互动、联结、尊重、分享，而非居高临下的拣选。学历最多可以体现智商，可情商、爱商呢？

在两性关系里，每个人都可能遇见情深意切的爱情，伴随着多巴胺、内啡肽的分泌，爱情让人沉醉。那些朝思暮想也是真诚的，那些海誓山盟也是动人的，可惜，它们转瞬即逝。在接踵而至的权力争夺期，被彼此投射包装过的幻觉消失，双方原形毕露，失望、冲突不断，争夺控制权之后，有人不欢而散，有人却成为盟友，进而携手进入婚姻——这也许是世间情爱的最好结局了。然而，婚姻里的相处也不易，双方更深层的内在缺点被暴露在亲密关系里，仍然会有分离的可能。

在我看来，只有两个心智成熟、情商达标、懂得权衡利弊的成年人才可能经营好婚姻。直到后来，我才知道那些执着的、惊天动地的“爱”不过是不肯放手的投射与抓取，是分离焦虑与情绪吞没交织的强迫性重复。而当初浪漫无比的邂逅、四目相对的深情款款、手足无措的兴奋、怦怦直跳的心……都不过是“爱”的包装。如果撕开这些美好的“爱”的包装，了知里面那股着实厚重的推动力叫“传宗接代”——延续种族的 DNA 才是我们美化对方、促使双方情投意合的本能驱动力，这是不是有些索然无味?

女人的成长就是放下小女孩的浪漫幻想以及对伴侣不切实际的期待，真正地落地生活，让生命力由内而外地绽放。

爱情，是两个人真正地彼此看见，是两颗敞开的心无惧地彼此联结。亲密关系是我们成长修炼最好的道场，伴侣是我们最真实、最诚实的镜子。我们的伤痛总会被亲密伴侣的言行，甚至一个眼神、一个表情勾动、搅扰、折磨。我们不明白，在亲密关系里遭遇的困难源头在哪里；我们也不明白，为什么亲密关系让我们既向往又恐惧；更不明白为什么我们总在相同的戏码里轮回——主角面孔不同，剧情却屡屡相同。如果你真的厌倦了，希望改一个戏码，那就来学习，来解除这个无明的动力，找到生命新的可能性。

生命，就是这样奇妙的设计。你越逃，需要面对的真相就会越发沉重地、赤裸裸地显现在你面前。你唯一能做的就是艰难地穿越它，自在轻松而去。事实上，关系里的他者如何呈现完全取决于你的内心，你逃不过的只有自己这一关。

经常被人问到“灵魂伴侣”，通常，我会反问他“你能接受父母本来的样子吗”，明明自私自利，非要戴个“爱”的光环。

自我催眠者愿意每天都生活在言情剧般浪漫的幻觉里，活在这种虚幻的臆想中，盼望着这个世界上有这样一个人与自己同频共振，深深懂得自己，无须言语便深深相爱。而这不过是对那个完美父亲（或母亲）的期待与渴望。这个幻梦只能存在于自己想象的世界里，不停追逐，不断换人，一旦落地，却多半会梦想破灭。而许多人不愿打破自己幻想出来的梦境。毕竟，这个关于灵魂伴侣的梦可以超凡脱俗。

而在更多现实的关系里，没有爱，只有相互利用。就像我们以为可以操控世界一样，我们挑选伴侣，前提是他符合我们想要的条件，或者以为可以把他改造成我们想要的样子。于是，自我意识强大的两个人便开始了关系里的斗争。

顺我者，来；逆我者，滚。人类在许多关系里，都是这样的模式：以自我为中心，顺从我、讨我欢心、让我愉悦者，执取、占有，不容别人觊觎，戒备森严；对抗我、败我兴、让我不爽者，排斥、推开，送瘟神般老死不相往来。

回头便是归心处。如果你准备好，请来跟我一起探索潜意识里的真相，看见那些盲目而纠结的爱，从困难的关系里找回自己、找回爱，快乐、喜悦、幸福、自在在等着你。

从隐秘的纠缠动力里解套，重获自由，做一个勇敢者，当你迈出这一步，我相信你离真实的自己又近了一步，离真正的幸福也近了一大步。

力虹语录

灵魂不需要伴侣，因为它们本来合一。只有个体幻觉中的小我才需要伴侣。

Q26 为什么惧怕亲密关系里的性

我在亲密关系里，非常惧怕性关系，因为这个原因，已经与五任男友分手了，我要怎么办？

对性的接纳须从接受自己的性别开始。接受自己的性别从接受自己的身体开始。你能友善地对待自己的身体吗？你能带着友善的态度，欣赏自己的每一寸肌肤、每一个部位、每一个器官吗？

你对自己女性的性征能够接纳吗？你能用自然的眼光与心态来学习面对性吗？

正因为有性，有繁衍后代的可能性，亲密关系才是神圣且私密的——只属于当事人双方。

分享给你一个练习：

每天晚上洗澡时，带着温柔与爱抚触自己身体的每个部位，带着欣赏与感恩，对每个部位说：谢谢你，我接受你。

每天早上洗脸时，对镜中的自己表达欣赏与爱意，每天找一个特点来表扬与赞美自己，日积月累，你对自己的爱意会更多。

练习一个月后，你就会收到神奇的美容效果，因为从内向外散发出的自信之光会让你容光焕发，胜过任何化妆品。

然后，在新的恋情再次到来时，你也会带着敞开的心、自然的态度，在浓情蜜意里，学习亲密，练习爱。

记得，于成年人而言，性是一件与吃饭一样自然的事。只是在没有准备好成为父母前，请做好安全措施。

如果你还有探索的好奇心，可以去画出自己的家族树，去看看家族里的女性都在多大年龄经历结婚、生育等与性相关的事件的，家族里有没有过难产去世的女性，有没有未出生的孩子，甚至你还可以梳理一下从奶奶、姥姥、母亲那里接受过的性教育与性观念，看看这些观念是如何根深蒂固地留存于你的心中。去观察一下家族里是否有重男轻女的传统。如果有，能否带着宽容的心去尊重；同时，允许从自己开始，接受自己身为女性活得与长辈们不一样……

这些线索可能会触动你惧怕性关系的开关。当然，最有效的疗愈方式还是寻求专业人员的帮助与支持，陪伴你一步步走出那个旧有的困局，重获新的可能性。

一个内心充满恐惧、担心、焦虑、混乱的人，如果一直没有觉醒之因缘，陷于无明的旋涡里，那每段婚姻与生儿育女都不过

是其暂时的救命稻草。若他毫无领悟，便生不出智慧，所有的经历都只是他在旋涡里的徒劳挣扎而已，苦也白受了。

力虹语录

性是如吃饭一样正常的欲望，目的都是为了延续生命。因为心的加入，性会变得美好。

围城之内
——婚姻篇

婚姻实质是一家由夫妻双方共同投资、经营的股份制公司。双方的投资与回报要成正比，如果任何一方只一味提现，不再投资，就会让婚姻陷入绝境。而一家运作良好的股份制公司，责、权、利要清晰，双方的施与受要平衡，并要保持对合作者的尊重与感恩；双方有共同的愿景与人生方向，有共同的孩子，或者共同的兴趣爱好。这些便是美好婚姻能够存续的前提。

Q1 不幸的婚姻，为何还要维持

我与妻子结婚八年，现在我们的关系已经到了冷若冰霜的地步——长期两地分居，一两个月通不了一次电话已是常态。但一双可爱的儿女又让我俩无法提出离婚。我一想到离了还要找另一个人磨合，也担心后妈对孩子不好，就深感无奈。唉，还是凑合着过吧，好歹她还是孩子们的亲妈，她也是非常爱孩子们的。但一吵架，我就矛盾万分，内心冲突，心想为何还要苦苦维持这样不幸的婚姻？

为什么那么多婚姻不幸福的人还是不愿意走出来，勉强维持机械式的生活？

因为我们在追求一种莫须有的“安全感”。有了这种心理依赖，我们才在婚姻生活里凑合着，即使机械、无趣、无性、无快乐，鸡肋般“食之无味，弃之可惜”。

婚姻里更多的是责任、人际关系、亲友圈、道义等。正因为这些共同联结的部分，才让我们待在习惯的圈子里，看似比较舒服、安全，实则是一种偷懒、逃避。

一般情况下，当爱情、激情在婚姻里渐渐模糊，亲情、友情便开始升温。所以，在婚姻里何去何从，完全由个人决定：是去追逐逝去的爱情、激情，还是去维护亲情、友情？

许多人不愿离开利益共同体，是为了财产或者孩子。爱情与婚姻并非能够完全捆绑在一起，当荷尔蒙退却，伴随着激情的爱情也会逐渐死去，除非双方都愿意带着好奇心与奉献精神继续为爱情补充营养。失去爱情后，自私自利、渴望自由的人会因为对婚姻的失望而选择离婚，但也有人选择在凑合的婚姻里得过且过。没有亲密无间的身心联结，真让人遗憾。

能够坦诚面对真实自己的人真是稀有难得。于是，我们会经常看到有些人的婚姻即使已经如漏雨之屋，破烂不堪，他们仍在苟且过活——顶着“结婚证”的破冠，以证明自己有个“完整”的家庭，甚至人人称羡的“完美家庭”，殊不知家里一地鸡毛，任谁随便打个喷嚏都足以致命。

分离焦虑、害怕孤独，也会拖着人待在营养全无的婚姻里。对这些人来说，也许比“凑合式婚姻”更可怕的是寂寞。

婚姻这种形式对养育孩子来说是最有利的。遗憾的是，在不幸的婚姻里，无法尊重伴侣的父母养育出来的孩子其内心伤痕累累。他们失去了对婚姻的信任，而未来他们的亲密关系最大的挑战恰恰来自自己成长的养育环境，他们亲密关系的第一榜样是缺席的，他们没有看见过父母相爱的模样。

通常在这样的凑合式婚姻里，伴侣双方或至少一方会付出身体健康、情绪平衡甚至生命的代价。我们不愿面对的，身心都会以呈现出症状的方式来提醒我们：诚实面对自己。

在工作坊里，我们经常会看到案主在不幸福婚姻里的代价：腰椎间盘突出、皮肤过敏、痛风、各种肌瘤、无名疼痛、胃肠呃逆、癌症……当身体症状来敲门时，我们若仍旧置若罔闻，那身体症状一定会以更猛烈的方式，敲出更响亮的声音，直到你听见为止。也许，那时，已经悔之晚矣。

如果双方对婚姻的期待不一样，且各自带着自己的成长背景与价值观进入，而这些差异又过大时，那婚姻的困难就会突显，就易不幸。如果双方进入婚姻前，能够达成共识，彼此愿为婚姻付出自己的努力，默契而高质量地配合，才有可能让婚姻从不幸转为幸福。

至于你要不要维持不幸的婚姻，由你自己决定，我充分尊重。

祝福你！

力虹语录

有时，孤独感比痛苦更可怕。因为痛苦还可用内啡肽来补偿，而孤独却只能赤裸面对，更加难熬。

Q2 想复婚，怎么办

我们当初认识三个月就结婚了，但婚姻生活只维持了五个多月，最后是我坚持要离婚。主要是我这个人想法太多，老公很多的做法又让我失望。现在的问题是，离婚才一个月，我又纠结要不要复婚，不知道该怎么办。

每一段关系总是由浪漫甜蜜期、权力争夺期、整合期、承诺期、共同创造期这五阶段组成的。通常我们的关系破裂，都是过不去权力争夺期这个阶段。在这个阶段，疲于争斗的双方已经撕下伪装，不愿再曲意逢迎地配合。当对方不再以我们为中心时，巨大的心理落差会让我们放下战旗、投降、离开，而内心深处我们的潜台词是：就算让我离开，我也不想改变。

亲爱的，没有一个完美的伴侣等着你，每个伴侣一定都会有让你失望的部分。

我在反省多年前自己有过的闪婚闪离时，看到过分析闪婚现象的两种说法：一种为配对假设， 即人们会对与自己相似的人一见倾心，这种心理投射认定对方是对的，因为他与我太像了；另一种为市场模型，也就是 60 分原则，即当我们无法遇到那个 90 分的人时，只能退而求其次，60 分的人就好，只要他符合社会标准。凑合与将就是闪婚后面强大的懒人原则，也是一种不愿为自己负责任的逃避方式。我们通常解读闪婚是被激情与爱情所驱动，但其实内核往往是自我放弃，潜台词是：我没有时间、精力等那个 90 分的人了，反正天下男女都差不多，既然这个 60 分的人出现了，那就他吧。我当初的闪婚纯粹是因为对方长相憨厚，且能坚持每天下班来接我，我将之视为忠心，于是就为自己做了这样一个草率的 60 分决定。

因为双方相处的时间短，闪婚一定会隐藏很多现实的问题。1. 双方缺乏充分的了解和认识。尤其双方在初期都会把自己的阴暗面隐藏起来，卖力展现自己的美好品质，也因此会选择性地看见对方符合自己所投射的完美部分。闪婚，因为恋爱时间短，恋爱的浪漫期还没过去，对方的美好就会被聚焦放大，加上“美颜滤镜”的特效，对方仿佛是这个世间唯一永恒、相见恨晚的真爱。这个时期的恩爱缠绵、耳鬓厮磨的浪漫也是真的。而在这个时期，双方对彼此的三观、责任心、行动力、生活习惯、情绪管理能力等真正与现实生活相关的品质完全视而不见。2. 没有充分了解对方的父母及其原生家庭。择偶时，接受对方就意味着接受他的全部成长背景及整个家族系统。许多人对待伴侣的方式与自己父母相处的方式一模一样，如果成长于父母关系长期不和的家庭，那孩子长大后对自己的伴侣会重复其父母冷战或者争吵、打骂的相处方式，甚至出轨的习惯也与自己的父母出奇一致。“爱与忠诚”的力量出奇强大，即使它是盲目而错位的、失衡而扭曲的。除非这个孩子有成长、整合、改变自己的意愿与机会，否则他大概率会走上与父母相同的人生道路。3. 在闪婚期间，双方的人格也无法完整表现出来。为了隐藏自己的真实内在，双方可能都在卖力出演那个更好、更完美的人，而人格缺陷是没有机会被看见、被了解的。于是，闪婚之后，许多人格障碍类型可能都会被遇见——自恋型人格、双向情感障碍、边缘型人格等，接着暴力、逃避、抽离、背叛等狗血剧便轮番上演，打破了闪婚者的理想画面，幻觉与幻想都被残酷的现实击得粉碎。4. 对婚姻的期待各不相同。当双方看向不同的方向且进入权力争夺期后，彼此的期待就会南辕北辙、各奔东西。5. 生活习惯的差异也常会被忽视。闪婚的“放弃式结婚”心态可能也意味着：我不愿改变自己了。于是，当相处久了，生活中的摩擦与冲突也会削减大家的激情，越来越不耐烦去迎合、讨好对方。6. 相处中一有波折时，双方便会后悔自己“遇人不淑”，以此甩锅到对方身上。

当然，一定也有闪婚后恩爱和谐的特例，那真的就是命定的绝配了，可喜可贺。

复婚，你可以去努力尝试。不过，需要提醒你的是：当你重回那个家庭，度过重温旧梦的甜蜜期，仍然会进入相对真实的“权力争夺期”；除非你能真正地尊重伴侣，理解他的局限，接受他本来的样子——人无完人，包括你自己。如果真的复婚成功，如何在共处中真实地呈现自己，不需要甜蜜浪漫期里的粉饰、隐藏，从权力争夺期顺利地过渡到整合期，是你和他都需要为这段关系付出努力的。

祝福你们！

力虹语录

每一次分离，都是一次成长良机。

Q3 如何处理性格差异造成的感情矛盾

我和老公婚后一直相处不好，主要是因为生活习惯和价值观的差异。他很爱整洁，我又不太会做家务；他注重细节，而我比较粗心；他非常勤奋上进，而我相对比较喜欢轻松。性格上的差异，使得我们经常闹矛盾，不能愉快相处。该如何处理性格差异造成的感情矛盾？

亲爱的，因为有差异，我们才可以进入不一样的内在空间，去共情另一个人的生命，去接纳他的不同，尊重他的命运。

如果两人完全一致，相信你又会觉得索然无味了。若两人一样，也谈不上什么“两”性关系了。你可能会感觉找了个翻版的自己，这一点儿也不新鲜有趣了，不是吗？

把生命放到更大的场域里，我们就会感受到两个相互联结的个体在本质上没有什么不同，我们都试图在追寻快乐，远离痛苦。

快乐是我们共同的目标与方向。我们组建家庭，就是为了让这种快乐延续、持久。

快乐于他而言，可能就是勤奋上进，于你而言可能在于放松、自由；他爱整洁可能来自父母过去的言传身教，而你不太会做家务可能也来自过去的成长环境。于每个人的成长背景来说，这些都是对的，只是不同而已。

如果我们以为找到了对方，就找到了快乐，那是一种天大的误解。因为快乐只会存在于你的内心。如果你圆融无碍、宽容、豁达，你的婚姻生活必然会充满快乐。矛盾，并不是存在于你和他之间，而是存在于你的内心。

的确，不同的生长环境、不同的个人业力、不同的习性熏染，都会导致双方生活习惯与价值观的差异，而这并不能成为一个时髦的分手理由——“性格不合”。

所谓性格，依个人之见，就是“我执”，也就是自己对自己的认同。这份认同，如果过度，如果自私，如果强势，如果偏执，那就会造成关系上的矛盾与冲突。

关系里，没有输赢之分、对错之别，只有双输或者双赢，只有立场不同，而已。

两人的感情如果败在这些细枝末节上，实在有些可惜。因为，只要你与另一个人相遇，那个人必然与你不同。无论你换多少个伴侣，都会遭遇这样的“性格不合”。你只有把“我执”之墙拆除，把心量打开，包容与接纳不同的生命个体，清楚地认识到亲密关系既有两个独立的圆交叠的部分，也有相对独立的自我的部分，它们相辅相成，共同存在于一份关系之中，才会使你们的关系更加圆满，“情投意合”“珠联璧合”这样的成语才能派上用场。

静下心来，问问自己，被喂养、被滋养，哪种关系模式才是你真正想要的呢?

成功地摧毁一段亲密关系，通常有 6 招必杀技，你看看自己用了几招：1. 指责；2. 辩解；3. 蔑视；4. 冷战；5. 性惩罚；6. 逼孩子选边站。

如果你妄想着改变对方，用讨好或者调教的方式，把他改造成你想要的样子，那么当他真正成为你想要的样子时，也就是你们曲终人散之时。

当然，你们可以理性地沟通，表达出对对方的尊重与理解，同时希望你和他都能做出些许调整，并且把这些调整制订成可执行的方案。比如，你希望他每周抽一天时间陪你去郊外休闲游；比如，他希望你每天抽二十分钟和他一起整理房间……这样的互相尊重与配合，势必会让关系日益和谐、美满、快乐。

个人以为，热爱家务的男人对生活是有热情的，其情感细腻而丰富，这样的人通常有温度、有爱心，相对于身心僵硬、只活在大脑心智系统里的男人来说，更踏实、更共情、更善良，更愿意成长与改变。而他们的这些特质，又常会被女人嫌弃为“没出息、太琐碎、太平凡”。多数女人既要求对方温柔体贴，又希望对方霸总附体。男人，经常会被折磨得一头雾水，不知道老婆到底要他做什么。

放下你内心希望他改变的奢望，放下对他的评判、指责、怨怼，放下对他不切实际的期待，接受他本来的样子，尊重你的这个身边人，珍惜这份相遇、相知、相惜的缘分。

美好的家庭婚姻生活，从真正地互相“看见”开始。

力虹语录

和而不同、同而不和，都是关系里的常态，如何找到平衡的中心，便是关系里的艺术课了。

Q4 想报复离开我的老公，怎么办

坐月子的时候老公提出离婚，表面上是因为他接受不了我家里人，其实是有一个离了婚的女人想和他结婚，并以给他 500 万元作为条件。我很难过，感觉委屈、恨，我仅有的一点理智告诉我报复不是好办法，可我现在只有想到报复才能入睡。我该如何平复自己的心情？

亲爱的，你可以在老公面前充分、负责任地释放你的愤怒，表达你的嫉妒、委屈、难过、伤心，甚至恨意。这可以让你和老公之间达到一种相对的平衡。只是在表达这些情绪的时候，请保持觉知，不伤及无辜的人，也需把握尺度，不要把有裂痕的破镜摔成了无法重合的碎镜。

同时，有必要提醒你的是：1. 当你报复了离开你的老公，有可能更加无法入睡；2. 如果你不能与老公和解，会苦了孩子；3. 如果你执着于报复，也会耽误你自己。

老公离开你的真实原因，我不想深究。我坚信一点：如果夫妻互相尊重、彼此亲密，且因爱走入婚姻的，那么金钱带不走他；更何况，你们还有共同的、最强大的联结——孩子。只有裂了缝的关系，才有第三者可以进入。

如果你试着从自己身上找寻老公出轨的理由，也许你报复的决心会减弱，甚至打消。如果你可以看见，他在家里并没有被看见、被尊重，你的心思更多地系缚于原生家庭之上（你说的表面上他不接受你的家里人）。当你真正能让自己长大成人，真正在心理上从原生家庭出嫁时，你会看见不一样的他，作为丈夫的他。

在我的工作坊里，许多抱着离婚目的来的案主，做完个案后，往往都会改变主意。因为在个案里大家可以清晰地看见这些案主的丈夫没被一心牵挂在原生家庭里的妻子看见过，或者生完孩子后，妻子的全副身心及外公、外婆的重心都倾向了新生的孩子。一个在家里插不上手，发不了言，被大家忽略，落寞的男人就开始在外面找存在感了。如果刚好遇见一个缺乏父爱的女生，或者一个极其渴望被温暖、被牵挂的单身女性，又或是一个在婚姻内无法被满足生理的成年女性……那就非常有可能互生好感，温暖相伴了。

通常刚开始出轨时，男人很少抱有离开家庭的目的。只是在后来与外遇对象的交往中，各种压力都会袭来，比如对方的逼婚或者就像你说的用金钱来获得“占有权”。

我懂得你的报复心理，30 年前，我内心也充满这样的嗔恨，对惯于出轨、常常家暴我的前夫，我也想了许多报复手段，但后来都没有实施。因为离开他之后，我发现那些在极端情绪里的想法都是扭曲而偏激、荒唐而可笑的。而那样的嗔恨只会把我自己锁在牢笼里，失去自由。

我为什么要与这样的人共同生活下去？我可以有别的选择。于是，我离婚，进入第二段婚姻时，发现老天真的公平，给了我一个很好的丈夫，我在这段长达 24 年的婚姻里舔舐伤口，疗愈，成长，整合，蜕变，并一直朝向自己此生的终极目标前行。

如果遇人不淑，那也是我们自己当初的决定与选择。所以，先从自心处修起，调心的同时，也需要远离那些拖累我们并诱发我们恶意的人，去结交那些能滋养并激发出我们良善本心的人。

外遇，对有觉知、愿意内省的夫妻来说，并不一定是终点，而可能是新的起点。一方有外遇时，另一方才可能会从原生家庭的纠缠混乱关系里抬起头，第一次真正看见对方。在我的场域观察里，外遇通常是与爱无关的，它只是平衡婚内关系的一个砝码、一个闹铃、一个提示器。如果你们都能听见这个有意义的提醒，愿意为自己的关系去做些移动与改变，那关系就会进入一个新的篇章。当然，如果继续在无明里打转，那外遇事件也可能是一心系于原生家庭的一方名正言顺重回原生家庭、对家族表达自己爱与忠诚（盲目而错位的）的机会。可是，当与原生家庭的牵连、依赖与纠葛不断，你走入自己核心新家庭的可能性就无法显现。

无论你们最后的结局是怎样，都请你看着你老公的眼睛，真诚地对他说：谢谢你的陪伴，谢谢你曾经为我所做的一切，在我的心里，永远有你的位置。

更为重要的是，请你看着孩子的眼睛，对他说：不管爸爸妈妈之间发生什么，都跟你无关，你可以安心地做孩子，我们都是爱你的。

生命的每一个关卡后面，都有宝贵的成长礼物！鼓足勇气，去穿越，去打开。相信有一天，你会对伤害过自己的伴侣说：谢谢你配合演出，让我找回了我自己。

祝福你！

力虹语录

火扑不灭火，水才可以；嗔息不了嗔，爱才可以。

Q5 怎么和彻夜打游戏的老公共处

老公从小酷爱玩游戏，如今在网上玩游戏的时间越来越长，我们的关系也因此越走越远，我已经无心也无力去改变他。现在的我，已经厌倦了这样毫无生机的夫妻生活。我们性格不合：他是个强势、暴躁的人，我又比较感性和脆弱。无边的差距，无助的迷茫，不知道该怎么办。

网瘾已经被世卫组织列入新型精神疾病。对于一个陪伴瘾症患者的人来说，的确不容易。因为你实际上并没有被他看见，或者他不愿意、不敢去真正看见你。你们的关系用“貌合神离”来形容似乎都不恰当，因为貌根本也不合，虽有人，却老是“不在”。

从家庭系统动力的视角看，他并不是真的对游戏如此着迷，他只是从小到大都在用这种方式逃避原生家庭里的矛盾与冲突。这只是一种权宜之计，激烈、嘈杂、紧张、刺激的场景可以让他“忘却尘世烦恼”。他以为用这种方式做一只“鸵鸟”，把头埋进沙子里，就万事大吉了。但是，事实也许跟他预想的完全不一样。家长更加焦虑、恐慌，矛盾冲突日渐升级，矛盾焦点还会直指这个想逃开的孩子。一颗本来就想逃离的心变得越发沉重，再加上内疚、不安、自责，甚至自残……沉溺于游戏的时间越来越长，程度越来越深，直至他成人。

海灵格曾指出：孩子的网络成瘾通常是因为孩子的父亲在家里没有得到应有的地位或尊重。

网瘾如是，烟瘾如是，酒瘾如是，毒瘾如是。

你无心也无力去改变他是对的，因为这不是你的责任与义务。一个只愿意躲进黑暗巢穴里的人，除非他自己愿意去打开一条缝，让阳光进来；除非他愿意真正长大，成为一个成熟稳重、愿意跟伴侣真诚互动的男人；除非当他真正长大，有能力去承担一个家，去和另一个人达到施与受的平衡、和谐；否则，你爱莫能助，只能把他的命运交还给他。

当然，如果你愿意帮助他，哪怕作为一个普通朋友，你也可以建议他去寻求专业人士的帮助，让他看见真相，走出迷局。

“性格不合”是被惯用的离婚托词。“强势、暴躁与感性、脆弱”都有其形成的根源，在那些情绪下面，无一不书写着一个字：爱。

你可以用这四个字来解释你们关系的困境。但同时，我也希望你看见真正的根源。只有这样，你才可以更好地去理解不同的

生命，去看见他们对父母深厚的爱，尽管这份爱是盲目、无明的。

在我的工作坊里，曾有好几位有严重网瘾的男性，当他们可以看向自己的父亲及父亲身后的家族时，他们瞬间就觉得自己的后背温热，腰杆挺直，内心充满力量。后来，他们都反馈自己的网瘾程度大幅度降低。每到周末，他们都开始与家人一起外出郊游、爬山、骑行，甚至一天都不看一次手机。看到这样的改变，他们自己非常开心，家人也无比欣慰。因为在之前的节假日里，他们必定是窝在家里不分昼夜玩游戏的。

男性与父亲及父亲家族之间的爱和联结，是他们人生力量的最大来源，也是他们身上阳刚能量的源泉。在游戏里面，特别是在那些充满攻击与暴力的游戏里，隐藏着他们未能在生活中展现出来的阳刚之力，而这些力量一旦与父系家族进行联结，一切都会变得不同。有些人选择职业也是在寻求与阳刚力量的联结，比如，军人、警察等。

凡是内心深切渴望着的，都会有一个外显行为在替代表达。

力虹语录

人的执念，总是源于那个未曾得到满足的心理坑洞。

Q6 该如何处理两地分居的感情

我和丈夫两地分居，他回来的时候，我的心情很好，觉得我们的婚姻也很好。但他离开后，特别是当他不主动联系我时，我又会变得怨恨他，心情再度跌入低谷。我该怎么处理这种关系？

两地分居，对夫妻的感情来说，无疑是个很大的挑战。相对同居而言，分居潜藏着更多的危机。

你们为什么分居？为了事业的拓展？为了自我价值的实现？为了金钱？为了孩子的未来？

据我这些年在家排工作坊里的观察发现：3 岁以前经历过分离的孩子，长大成家后，大多会重复制造分离。这是潜意识的操作，而在我们的意识层面，我们以为自己想聚合。丈夫回来时，你心情好，因为他看得见、摸得着，可与你交流沟通；丈夫离开时，你心情糟，因为你看不见、摸不着他，不能与他交流沟通。而我们一直追求和看重的安全感，尽管它并不存在，但如果对方在自己的眼皮子底下，还是可以带来短暂的心安和踏实的，因为他在我们的可控范围内。如果远在异地，那你对他的臆测和你头脑里编造的五花八门的剧情会弄得自己焦虑、不安、惶恐、担心。而这些与真实的他无关。

两地分居对生性疏离、回避亲密的人来说，是好选择，而对真正想体验亲密的伴侣来说，却是极大的障碍。因为亲密无间的联结只有在肌肤相亲时才能体验到，敞开的真实互动只有在两具血肉之躯间才能发生。异地恋，让人不得不多用头脑与理性，而真正在一起的陪伴却多用身心。

有时我们在追求实现自我价值的表象下，掩藏着各种逃避复杂关系的动机，尤其是那些不愿承认回避亲密的人，他们生怕失去独处的轻松与自由。其实，逃避是没有出路的，不从自己的内在解决问题，我们所逃避的一切都会让我们付出更高的代价。

我不知道你们夫妻两地分居的主要原因是什么，也不知道你们是否已经养育了孩子。如果不得不继续分居，维持一份良好联结的方式只有尊重与信任。只有这样，关系才会朝着良性的方向去延伸、去发展。如果中间掺杂了怀疑、占有、妒忌，那这份关系就会被蒙上阴影，产生负能量，积累到一定程度后，将变得不可收拾。

通常，当伴侣中的一方产生强烈妒忌时，这份关系就已经结束了，只是双方没有意识到或不愿面对罢了。当然，被妒忌破坏的关系还是有可能重修于好，这就要看双方能否面对使他们分离的系统压力了。

分居还会带来一些现实层面的问题：生活成本增加，不规律生活导致的健康风险增加，更重要的是孩子的身心成长会受影响。

如果条件允许，请尽可能选择共居一地，和家人同在一个温暖的屋檐下生活。家，毕竟是我们的根，是我们生命能量的补给站。我们在实现自己价值的同时，是否可以多为对方做些什么。感情是需要双方共同维护的，夫妻关系并非单方面付出就可以维系。当施与受达到平衡时，夫妻关系才会走向更加和谐美满的阶段。

祝福你们！

力虹语录

内心的不完整，会投射为外在的分裂。

Q7 老公什么都听他父母的，怎么办

我和老公恋爱八年，结婚一年多，但从毕业到现在我们基本处于两地分居。孩子才一个多月大，婆婆就要把孩子带到老家，老公居然支持。跟他们讲任何道理，都说我胡搅蛮缠，甚至还为此争吵，一切都要听公公安排，说他就是家里的“法”。我想到离婚，但他们说离婚可以，孩子不能带走。我真的好无助，感觉老公没有担当，一切都听他父母的。在这样的家庭里，我的婚姻还会幸福吗？可是如果离婚，孩子怎么办？

对孩子来说，生命中最好的礼物就是恩爱的父母。真正被父母看见的孩子，才可能自信地看见世界。

如果你们自己身陷原生家庭的牵连与纠葛，势必影响到孩子。

你老公是典型的还没剪断脐带的“巨婴”。他当下最需要做的是：勇敢地在父母面前转身，朝向自己的崭新家庭，朝向你和孩子。在所有关系里，只有亲子关系是应该分离的。然而，在现实中，很多家庭的亲子关系优先于亲密关系。显然，你老公还没能离开他的原生家庭，还被其父母紧抓不放。当然，“巨婴”通常也愿意停留在父母的羽翼下。

除非你也愿意藏身于公婆的羽翼下，否则这样错位的关系，多半不会幸福。

还有一种可能性。我们见过很多这样的案例：儿子和他母亲才是真正的（情绪）“伴侣”，其他任何女性都不过是他们中间的“第三者”。他能够真正进入自己的亲密关系的前提是，从母亲伴侣的位置离开（那应该是他父亲的位置），回到儿子的位置上，这样才有机会与其他女性共建亲密关系。

除非你老公愿意长大成为真正的成年人，移动到身为丈夫和孩子父亲的位置上，否则他若一直耽溺于父母的强势掌控与安排下，继续“巨婴”生涯，那么在你们的亲密关系里，他是缺位的。如果父亲长期缺位，那孩子就会主动站到他的位置上，去替代父亲，成为你的情绪配偶。这也是孩子在承接、重复父亲的命运——代际重复与牵连常在家族内发生。孩子的内在父母能量不平衡时，也会造成他内在阴阳能量的失衡，这是令人遗憾的。孩子是你和你老公的，不是他父母的，这是首先必须清晰的界限。尊重公公婆婆为你们的小家所做的贡献，同时宣誓自己才是核心家庭女主人的地位。这样，选择权就在你老公手上，看他是要继续当“巨婴”，还是回归你们这个核心家庭，让其原生家庭成为自己核心家庭的背景板。

如果还有其他可以争取带回孩子的方式，就先不要想到离婚，可以用非暴力沟通的方式跟丈夫及其父母推心置腹、将心比心地沟通，力争达成和解，或者请求专业人士的支持。毕竟，离婚对孩子来说，更是噩梦与灾难。

如果万不得已离婚，把对孩子的伤害降到最低程度的办法是：分开后的父母仍然可以尊重彼此，允许孩子平等地去爱父母。

任何关系，只要能发自内心地尊重、接纳，一定可以平顺、和谐。

祝福你！

力虹语录

与妈妈有良好联结的女儿遇上与爸爸有良好联结的儿子才是理想的伴侣，否则便是错位。

Q8 要和前夫再续前缘吗

离婚两年，我又和前夫又走到了一起。但怕别人说自己，离婚了还去前夫家。对自己说，别理会他人怎么说，生活是自己过的。为什么自己心里就是过不去这道坎儿？

婚姻本无常，分分合合实属正常。

离婚两年后的你既然要重新选择伴侣，那前夫也可以成为你的选择之一，况且你们还有过去的温情可供回忆，相较于新的选择，你们之间的感情基础更为深厚扎实，有何不可？

怕别人评判，还是缘于内在自卑导致的面子思想，活在别人的眼光里，那你自己在关系里的感受呢？你身心的真实反应才是对这段关系最好的诠释与注解。外人看见的永远只是表象，而内核只有身处其中的双方才最清楚。破镜重圆是可能的，只要双方都愿意为那道关系的裂缝做一些贡献、修补，带着诚意接纳对方及自己真实的样貌，找到彼此共同的联结点。

分手时的伴侣关系一定是正处于战火纷扰的权力争夺期，重修旧好后，可能还会继续上演权力争夺的戏码，当然也可能直接进入整合期，经过承诺期，奔向共同创造期的康庄大道。

有一种处理情感矛盾的方式需要避免：发生冲突矛盾时，不去面对，而是利用人的“内疚”情绪，让对方束手就擒。“内疚”是掌控对方的有力工具——你出轨，你出错，你伤害过我，我不打你，不骂你，只要你自己用内疚来折磨自己就足够了。很多人绞尽脑汁，用这种方式掌控他人，但结果可能会事与愿违，甚至南辕北辙。掌控者会发现自己并不能如其所愿，也没有获胜的喜悦。

总之，每段关系总是要经历浪漫期——权力争夺期——整合期——承诺期——共同创造期这五个阶段。无论是跟新人重头来过，还是与旧人复训、补考，都差不多。重点是，自己内在的转化、提升与整合。我认为，关系的意义在于促进自我的成长，在找到与伴侣和谐幸福的相处之道的同时，强大自己的内心。

过不去，说明缘未尽、情未了。再续前缘，就好。

亲密关系是两个人之间很私密、很神圣的事，不用逢人便说，四邻皆知。

力虹语录

因缘是一张划不破的网。缘聚时，善待彼此；缘散时，感恩祝福！

Q9 老公太忙不顾家，怎么办

我一个人带孩子，老公一天到晚忙工作，回家就是吃饭睡觉，我脾气越来越暴躁，经常和他吵架，把气撒在小孩身上。我知道这样对孩子不好，可是有时候忍不住，控制不了，自己内心也很受折磨，不知道该怎么办。

亲爱的，我理解你的苦衷。

在现代社会，女人是不容易的，既要外出工作，又要照顾家庭、养育孩子。“丧偶式育儿”的现象比比皆是。

男人认为只要自己挣钱养家，就万事大吉，就已经承担了身为一家之主的责任。还有的男人，因为怕面对妻子的唠叨、三姑六婆的议论、孩子的哭闹，索性以追求事业、工作繁忙、频繁出差为由，逃避回家。所以，有人质疑：男人是真的爱家，还是他们只把自己当成家庭的挣钱工具？在许多家庭里，丈夫缺位，父亲缺位，心思细腻、多愁善感的女性容易在这样的关系里反省、探寻。而男性则相对钝感，易自我合理化，不愿内省。

诚然，生命是父母给孩子最珍贵的礼物，但父母养育孩子的过程中，父母与孩子有爱的联结才是孩子健康成长的必要条件。母亲是孩子来到人世间的管道，而父亲是带孩子探索世界的引导者。

你的积怨需要及时被疏通、释放，否则某天你就崩溃了。

在我的工作坊里，看到太多因父母恩怨而被迁怒、被拒绝、被冷落、被扭曲、被送养的孩子。如今虽然他们都已经成年，但受伤的内在孩童却仍停留在他们内心，无助地颤抖、喘息、惊恐。也有少数被父母抛弃的孩子，他们心中只有愤怒，最极端的呼喊是："我想杀了我妈妈，她为什么生了我，却不养我？"还有："爸爸，我恨你！"

在我分享的短视频里，评论数最多的是"父母吵架走为上"的短视频，孩子们都担心：如果我离开他们的争吵现场，出了人命怎么办？因为他们经常都菜刀相向！

那么多无条件但盲目付出爱的孩子啊，他们从来都没有放弃过拯救父母的意图，就算父母各种刁难、各种掌控、各种……"我恨你"这些都是受伤的内在孩童的血泪泣诉。尽管我们明白那些"恨"下面都埋藏着"爱"，但疗愈之路是痛苦而漫长的。创伤的恐惧伴随着他们的成长，让他们无法去跟他人建立健康的亲密关系，无法追求长期事业，无法获得金钱，无法组建家庭……

很庆幸，你已经觉察到借孩子撒气的方式是不妥当的。这意味着你的觉知与改变，可以让你的孩子将来不再重复你的模式，去迁怒于他的孩子。

在不幸福的婚姻关系里，最无辜的是孩子。

希望你对孩子说这句话："不管我和你父亲之间发生什么事，请你安心做孩子，我们会解决好自己的问题，我们都是爱你的。"孩子听了这句话，会放松，会安心。

同时，试着用非暴力沟通的模式，跟老公进行深入、平等、理性的沟通。带着由衷的尊重，肯定他为这个家庭付出的一切，感谢他对你的陪伴、关心，同时心平气和、不带指责地告知他：你需要他的支持和帮助。并且可以把这些需求量化，让偏向理性的丈夫易于落实，便于执行。

如果他可以调整自己的工作时间，甚至愿意为了家庭、孩子换一份工作，抽出更多时间来陪伴家人，那当然是更为理想的安排。在婚姻里面，如果双方都能尊重对方的真实需求，理解双方的局限，愿意让自己以成年人的方式与对方相处；在家庭这个双方共同创造的场域里，如果双方都能设身处地多为家庭成员着想，达到施与受的平衡，那这样的家庭一定会让双方都牵挂、想念、乐于付出的。

祝福你们全家！

力虹语录

忙，是我们逃避真实的自己，回避关系最高大上、最无懈可击的借口。

Q10 我是否该用智慧拯救他

我在婚姻里找不到安全感。他就像一个大男孩，让我无法依靠。这样的日子让我苦恼了一年多。我是就这样和他走下去，还是用我的智慧去拯救他？

请你静下心来仔细端详他，他确实不是你“父亲”，他无法给你依靠。何况，从来就没有一个叫“安全感”的东西存在过。

请学着以成人的方式跟对方相处。要知道，你是一棵树，而非一根藤。让伴侣心怀怨言、关系快速崩解有如下方法：站在父母位置上教育他、控制他、拯救他、改造他、要求他，或者站在孩子的位置上依赖他，让他像父母般地无条件包容、关心、呵护你。

如果你要去“拯救”对方，那这段婚姻就没救了。除非某一天，你认为他是跟你有同样智慧的成年人。智慧，可以用来修改与调整自己，而非改变和改造对方。让对方成为你想要的样子，这是做不到的，也往往是毫无智慧的愚痴之举。

改变的前提是允许对方不改变。这个包容的宽广心量对我们来说是一种考验，对有智慧的人来说，是修行之道途。彼此以平等心相互尊重，成为两个有交叠部分的圆，这才是婚姻的常态。

相信当初你选择他时，已经看见了这个大男孩的样子，既然选择了他，恐怕就只有两条路：等他长大成人；离开，另寻成熟男子。这段婚姻的存与亡，都由你自己决定。

力虹语录

幸福婚姻的前提是，不要试图当“拯救者”。

Q11 因为不孕走向离婚，我该怎么办

为了爱情，我放弃了自己的工作和生活，来到他所在的城市。在这里，一切都非常不顺利，我积攒了大量负面情绪，后来还被查出不孕症。几番治疗无果后，公婆要先生跟我离婚，他也同意了。为什么这些我生命中曾经非常亲近的人在我最需要帮助的时候，都变得这么残忍？为什么人都那么自私，婚姻会这么脆弱？

亲爱的，我建议：尊重他们全家的选择，接受现实，感谢他曾经的陪伴，离开他所在的城市，继续你的工作和生活。

婚姻，不同于爱情，它身负传宗接代的现实任务与责任，而不只是花前月下。从家族系统排列的原则来说，在婚姻里，可以生育的一方是有权利离开不孕一方的。的确，从感情上来说，这是残酷无情的。可是，从人类社会的发展来看，从大自然的生存法则来看，种族繁衍是比个人情感更为重要的事情。

当你在叙述所遭遇的困境时，你在扮演“受害者”，不知你是否有觉察？而怨恨无疑是种伤人害己的负面能量，它只会削弱你内心的力量，也会阻碍你另觅幸福的道路。

诚然，对你这样的处境，每个有感情的人都应该同情你。然后呢？

我想问的是然后呢？

就算同情你的人把你的公婆与先生都痛斥一顿，那又能怎样？就算你哭闹、委屈、指责……他们仍有自己的选择权。

所以，不管你们当初爱得如何轰轰烈烈，你如何为了他放弃自己的工作和生活，你又如何为了他牺牲了自己，受到无尽的伤痛……无常，本是如此。世界上唯一不变的事就是：事物时刻都在变化之中。

我想说的是：亲爱的，找回自己，接纳自己，爱自己。重新出发，不晚。对一个与你恩断义绝，不愿（或不能、不敢）与你共同去克服困难、共创未来的男人，你觉得还有浪费时间、精力、感情的必要吗？

清理、疗愈那些蓄积已久的情绪，积极寻求医疗支持，相信你的“不孕”也有希望转为“有孕”。当你准备好，被召唤的孩子就会到来。即使不孕，你的爱也可以释放、传递给更多需要支持与陪伴的有缘人。这世间，主动选择不生育的人那么多，她们的人生也都有各自的精彩，并没有因为不生育而变得残缺。只要内心完整，世间的任何一个角色都能全然去体验生命本身。这已经足够了，不是吗？更何况，在女性的自我意识越来越强大的今天，女性存在的价值并非由能否生孩子来定夺。你的存在本身便是价值。

至于先生与公婆，尊重他们的选择，理解他们的局限，感谢他们的配合演出，让你在深切痛楚后有跟真实自己相遇的机会。如果你还陷于当初甜蜜浪漫的爱情里，怎能体会到找回自己、圆满自性的喜悦？

接受，转身，离开，重新开始自己的新生活。

力虹语录

作为女人，即使你没有丈夫，即使你没有成为母亲，你依然是完整的。

Q12 为什么一定要有婚姻

作为一名财富自由的男性，我想单身一辈子，不想在婚姻里被管束。为什么一定要有婚姻，一个人自由自在不是也很好吗？

婚姻不是唯一的生活方式，也不是只有结婚才是人生唯一的选择。任何基于恐惧所做的决定都只会换来错误的结局。

婚姻自由是每个公民的权利，你结不结婚，在法律上都是被允许的，也能被社会包容。

婚姻作为文明社会中的一种社会制度，规范了性行为，约定了财产归属，担负着多种重要的社会职能。许多国家的宪法都注重对婚姻的保障。

不要婚姻，只要自由交往的女朋友，不被管束，听上去的确很自由、很独立、很逍遥，似乎绝对的主权会一直掌握在你手上。这也许是你最看重的部分。的确，身处婚姻关系中，分离是一件困难的事；如果有共同的财产与孩子，分离更是困难重重。因为怕困难，你就打算一辈子不进入固定关系？这恐怕也无法由你一个人说了算。

据我所知，不想进入固定关系的女性少之又少，即使当初发誓说不期待任何结果，不婚不育，不介入对方生活和朋友圈的女性，久处下来，能够遵守诺言的也是凤毛麟角。毕竟，归属感是人类共同期待与向往的，除非在精神层面非常独立，内心强大，不依赖他人的现代卓越女性。可是，你遇见她们的概率也不会太高。因为，在她们的情感世界里，并非你用财富、名利就可以打动她们的芳心。

男性基本上都有狩猎心态，他们的本能就是追逐逃跑的东西。男性的生理本能决定了他们不想放过任何一个有好感、有机会得到的女性，这是传宗接代、延续物种的内驱力使然。只有高度自律，有坚定道德信念的男性才会从一而终，即使其心里并排留着“红玫瑰”与“白玫瑰”的位置。

不管怎样，任何选择都要付出相应的代价。作为成年人，就是为自己的选择负全责。祝福你，愿你活成你想要的样子。

力虹语录

那些隐忍的渴望、委屈的迁就终会以身心症状来提醒你：面对吧。犹如我们的关系：离我们越近，越容易被我们忽视；越爱我们的人，受我们的伤害反而越深。

Q13 为什么婚姻消除不了我的孤独感

我已经第四次结婚了。每段婚姻都留下一个孩子，前三个孩子都判给了女方。我现在快 50 岁了，即使在婚姻里，也经常有特别深的孤独感，而且看到枕边人经常会心生厌恶，但又贪图她能照顾我。唉，为什么结婚也消除不了我的孤独感？

我们经常把对孤独的恐惧投射成对爱情的渴望，把对寂寞的排斥加工成对亲密的欲求。然而，婚姻不是为了消除孤独而设计的，它在保全夫妻双方财产、创造养育后代的环境上更有功用。如果婚姻里的双方都没有了解对方的身世，没有情感，没有真正意义上的身心联结，那终究是会感到孤独的。即使睡在同一张床上，在同一张饭桌上吃饭，也只是两个熟悉的“陌生人”。

痛苦和愧疚感的强度可以判断你与伴侣的联结有多深。分手越痛的，越能体会到蚀骨销魂之苦的，你们的联结也越深刻。

第二任的亲密关系通常比第一任更轻松、更有经验，但联结的紧密度却常常会减弱。越往后，关系的联结越“没感觉”。

也有人对交往和分手都随意而草率，潦草而匆忙地直奔目的，这往往暴露了这些人内在的恐惧不安。他们对爱已经麻木而无心，只余残留的一点生理冲动。他们不敢真正进入亲密关系，因为他们太怕失去自我，怕受伤。花花公子与花花公主是最值得同情的人，因为他们对安全感的渴求到了难以置信的地步。

我不知道你属于哪种状态。你爱过吗？你结婚的目的是消除孤独感，还是有人照顾你的日常生活，抑或是生儿育女？

同时，我也邀请你去回想自己的成长经历，这种深刻的孤独感是在你人生的哪个阶段出现的？那时，发生过什么重大事件？可以从成年人的角度重新去看待这个发生，试着去接受它、理解它、懂得它，在心里为它留一个开放的空间，让自己学着全然地经验当下。如果那个孤独感偶尔还是会回来拜访你，敞开心，欢迎它。

当你不再用婚姻来逃避孤独感，相信你也能重新去看见婚姻的全貌，去学习爱与亲密，学着与前妻们、孩子们联结。

人生就是这样边学习边成长的。

力虹语录

内心的孤独感是无法用人来填补的。只有整合、重建自己的内心，孤独感才有可能消失。

Q14 为什么会在婚姻里患得患失

我非常不喜欢老公靠近，他只要一靠近我，我就浑身不自在、紧张。我总盼着他出差。我知道自己不正常，可是身体又没办法靠近。他一出差，我又像坠入地狱里一样，会脑补他与其他女人的各种亲密场景，折磨得我几近发疯，经常一个人哭醒。我需要时刻用视频通话监督他，怕他真的会抛弃我。太难了，我该怎么办？

有许多无意识的系统动力，会让我们推开自己的伴侣。比如，如果我们在出生后的三个月里不管什么原因与母亲分开，造成亲子中断，或者在养育过程里，长期被寄养在别人的家庭，或者父母亲长期缺位，都会引发我们内在“不值得被爱、自己是累赘”的信念。小时候的分离经验会让我们一生都在制造分离。

有些人因为害怕被抛弃受伤害而无意识地将伴侣推开，他们为自己制造恐惧，有些人宁愿长期隐忍在并不享受的关系里，也不敢选择分手。这类边缘型人格障碍倾向的人在亲密关系里多半吸引来的都是自恋型人格障碍者，因为他们一定会配合自己出演疏离、冷漠、以自我为中心的剧情，从而让自己再一次确认：

我就是不值得被爱的人（潜台词是：父母都可以抛弃我，这世界上的任何人都可以抛弃我）。这样的焦虑每天重复，既渴望好好被爱，又被分离焦虑与恐惧笼罩；寻找自己被爱的证据的同时，又长期扮演不被爱、被抛弃的受害者角色。边缘型人格障碍者的情绪就像过山车，跌宕起伏，性格率真、敏感、多疑。

这样的日子的确辛苦，不管对方怎样表忠心、展现清白，你的安全感都很难建立。因为害怕被抛弃的心魔是住在你的心里的，与对方无关。

能够拯救自己的只有一条路，那就是回到自己的内在，与那个害怕被抛弃、无法与人亲密的小女孩拥抱，告诉她：你是我不可分割的一部分，我现在已经长大了，可以照顾、保护你，你是安全的；你值得被爱，就算全世界都抛弃了你，你还有我。深情地拥抱她，经常与她一起玩耍，带着她一起与你的伴侣相处。先慢慢建立身体上的信任，然后再深入一些，直到联结到心。

有时候，我们无法靠近伴侣，也与母亲给我们做的示范有关。比如，她的家族里对男人都是拒绝和贬低的；比如，母亲与父亲相处时，带着愤怒与抱怨。我们完全不必对来自原生家庭的信念和示范照单全收。例如，当父母貌合神离、不欢而散或诅咒抱怨时，自己不必照搬、照做。

还有一个很好的方法，就是正念练习。了知当下的所有发生，不带评判，也没有惯性的执取或者拒绝的反应模式，只是如实觉知，随观随化。而身体也是重要的觉知工具，它也在配合心完成这些觉受的反应。当一个人身体健康、经络通畅、强壮有力时，他遇到心理症状的可能性就必定比气血不畅、血清素低的人要少得多。此外，经常性的拥抱也会强化伴侣之间的联结，因为拥抱产生的催产素会让人沉浸在爱里，甜蜜而温暖。

作为成年人，你是有选择权的，你可以过得与父母不一样。爱与亲密，都是可以学习、实践的。

祝福你！

力虹语录

心魔住在心里，无论其他人做什么，你都无法驱逐它、打动它。假若你看见它、听见它、懂得它，与它和解，你就会发现它会变得友善而和谐。让小时候快乐而自信的自己，与你同行，共同朝向未来。

Q15 我和妻子都是暴脾气，常打架，又分不开，怎么办

我和妻子都是暴脾气，结婚三年，打架无数次。她鼻青脸肿、我满脸抓伤都是常事，经常被同事朋友笑话。可是，我们好像又离不开对方，因为我们恩爱和好的时候，比好多夫妻都亲密。我们都不喜欢暴力，可是又不知道该怎么办。

当两性战争中的权力烽火燃起，真实的自己暴露时，你保得住面子吗?

这些年，我通过自己曾经的婚姻及后来的助人工作发现，那些一点就着、狂怒咆哮、动辄拳脚相加的人其实是最脆弱、最不堪一击的。大多数暴力行为的背后所隐藏的是无助与不知所措，男人和女人都是如此。男人往往从小就被教育“男子汉，不能哭”，“男子汉，必须勇敢”。对男性身份固有的刻板印象，让他们在潜意识里认为硬汉就一定要无所不能、坚不可摧、勇往直前。这使得男人既无法忍受恐惧、无力、无助和压力，也忍受不了对方的唠叨、指责、抱怨、批评，似乎这样的时刻就是在暴露他们的怯懦、羞耻、丢脸、内疚、惭愧、弱小。为了回避这样的状态，拒绝这些情绪，男人就会愤怒地咆哮，狂怒地摔打、搏斗、攻击，

以暴力来回应、来彰显他们所谓的男性力量。在这个过程里，势必有伤害与被伤害。能接受自己软弱、无力状态的男性，往往内心是更强大的；而经常勃然大怒、暴力相向的男性其实内在住着怯懦而自卑的孩子，他们往往是纸片心，连玻璃心都算不上。

女性很少会选择暴力。因为体力与生理的不同，女性经常处于弱势、下风。所以，对女性来说，挠破对方的脸，已经是精神上的最大胜利了，因为这会让男性陷于羞辱境地。绝大部分习惯了顺从的女性通常会采取一些更隐蔽的方式来表达愤怒。她们往往会将暴力隐藏在助人的行为当中，隐藏在为他人担忧和“爱”他人的行为背后。她们的冷暴力里充满着掌控与占有，她们的拒绝里深埋着期待，经常也会通过性的惩罚与拒绝让男人抓狂、焦虑。这种隐而不表的愤怒，会让擅长理性思考的男性摸不着门，百思不得其解，进而导致暴力升级或渐行渐远。

我曾接触过动不动就把男友行李扔到家门外的铁腕悍女，来找我做个案时，已经分手了八任男朋友，自己也年近四十。每次分手，结局总是一样：把男友的行李全部扔到家门外，然后自己在家里关上门痛哭，却死撑着不开门、不和解。从此，老死不相往来，带着满腔的仇恨。每段关系都如此，已成为强迫性重复，除了男友们的面孔不同，剧情一点都没有改变。她在快被自己的遭遇逼疯之前，来求助，来与自己的母亲和解，来与自己的女性身份和解，来与自己的初恋和解。然后，她终于走出这个周而复始的怪圈。

双方暴力相向又和好后，通常会有一个温柔、缠绵的平复期，这个时期的甜蜜甚至超过了暴力事件之前。这是一种补偿与平衡的需要，这个过程中内啡肽、催产素的大量分泌也会让人着迷与上瘾。痛苦的程度越高，这个幸福的阈值也会越高。然而，这是个情绪重复性崩塌的陷阱。

当语言沟通无效，就难免会升级为身体的对抗、冲突与攻击，而这种方式毕竟是有危险性的，所以你们可以用情绪急救与非暴力沟通的方式来处理冲突。

当自己的暴力冲动即将发生时，应该立即转移场域，改换肢体动作，外出或者把自己关进对方不在的空间，听音乐，或舞动，或打鼓，或练拳，或快速转动眼球，或拍打自己的双肩、双膝……总之，先应用这些平复情绪的急救措施，待双方都心平气和时，再用非暴力沟通的方式进行沟通。当这样的沟通成为常态时，你们的暴力习惯便会被这种新的沟通模式置换。

在进行非暴力沟通时，可以告诉对方：

我感受到一股无名火从心里蹿出来，当你刚才……

我感受到一种强烈的……情绪，这种情绪在我……的时候曾经出现过，当时的我……

我的这种反应其实是希望你……

以“我”开头，真实表达自己的所感、所思、所想时，对方就会看见你、听见你。而一味“你……”的指责与批评通常会让对方迅速进入防御状态，然后就是奋起反击，或者狂风暴雨似的反弹。当对方处于防御状态时，他根本看不见你，也听不见你说的话。两个处于情绪旋涡里的人是看不见对方，也听不见对方的，虽然嘴上在一直叨叨，可内心都已陷入封闭、紧缩的自保状态。这就是为什么吵架会升级为暴力，因为双方都试图让对方停下来，听见自己，看见自己。

真是一个有趣的悖论：明明是希望对方可以与自己和解、联结，可情绪与习性在里面煽风点火，使双方走入背道而驰的方向。

力虹语录

真正的强大是平静地接受一切的发生，无声地顺应各种改变。

Q16 我在老公面前非常紧张，总害怕表现不好，这是怎么回事

我在外人面前是个开朗活泼、大大咧咧的人，可是一到老公面前，我就非常紧张，大气不敢出，话不敢乱讲。闺蜜都说我像老鼠见了猫，这是怎么回事？

去观察一下自己是否有分离焦虑或对权威有恐惧。

如果你有分离焦虑，可能就会对你老公小心翼翼，生怕犯错，充满讨好行为，并且还会经常测试他在意你的程度是否降低。这些测试行为通常被称为“作”。一旦对方生气或发怒，你又会被吓得瑟瑟发抖，生怕他会抛下你，无情地离开。如果老公被你投射成严厉的父亲，你便无法在他面前做自己，会充满自卑与自责，并且惶恐不安，害怕被抛弃。

伴侣关系里，每个人都会倾向于扮演父母、成人、孩子三个角色中的一个。在所有的角色组合里，只有当成人与成人结合时，才可能维持一段持久、坚实的婚姻；而其他如父母与孩子、成人与孩子、父母与父母、孩子与孩子、成人与父母的组合，都很难维持，除非双方都心甘情愿地扮演其中的角色。如果希望在婚姻里胜任丈夫、妻子、父亲、母亲的角色，高枕无忧、相安无事，

那么也许只有这一条路：先学着长大成人。

女性惯用各种冷嘲热讽、旁敲侧击、启发诱导的方式，想让伴侣表达“我爱你”，也许几个小时的唠叨、指责、评判、挑剔，只是在索求伴侣的一个温暖的拥抱。当你把自己的快乐、幸福都建立在对方的反应上，你就会踏上焦虑不安、患得患失的恐惧之旅，你就无法在亲密关系里与伴侣轻松地相处。这样，于双方而言，都是紧张、压抑！

只有一条路可以改变自己，那就是疗愈自己受伤的内在孩童。拥抱那个被你遗忘已久的充满自卑、害怕犯错的孩子；告诉她，你已经长大成人，现在的你有足够多的资源与成绩，你充满自信，不再是过去那个弱小、无助，在害怕与恐惧中求生的小孩；告诉她，那些发生在她身上的经历都已经过去了，你现在有足够强大的力量保护她，会无条件地陪伴与支持她。当你能够与她合二为一时，你内在的力量就会生发出来，自信心也会日趋强大。

当你的自信心足够强大时，再一次看向你的老公，你会发现他只是你的伴侣，一个你选择的男人，他不是你父亲的替身或代表。试着放松自己，深呼吸，带着轻松的、温和的态度与他互动，相信你和他都会找到一种过去不曾体验过的新的感受。

当你真正看到他本来的样子时，你们就可以真正地相爱、相亲、融合了。

抚触他的身体，聆听他的呼吸与心跳，感觉他的温度和气息，感受他内在流动的情绪，对他说：谢谢你选择了我，我是你的妻子，你是我的丈夫；谢谢你为我所做的一切；作为你的妻子，我爱你。

力虹语录

越在意的，越执着；越执着，越紧绷；越紧绷，越抓取……手里的沙，攥得越紧，漏得越多。何不放松，只是捧着？

Q17 唯利是图的女人是什么心理

女人把钱看得很重，整天在孩子面前说自己老公不好，这是什么心理？

这样的女人错以为可以通过金钱得到安全感和掌控感。贬低孩子父亲是件非常愚蠢的事情，不但不会提升自己的价值感，还会让孩子陷入内在分裂的心理状态中。女人啊，太感性，容易活在情绪的牢笼中，错过自己，破坏关系。

这些年我在疗愈工作的观察中发现，把钱看得很重的人，通常是希望借由钱来抓住他人，这里面有一种巨大的不安全感和很深的恐惧情绪。这些感受可能源于家族里的某些成员、曾经发生的未完成事件，也可能源于原生家庭与父母的关系，还有可能与伴侣及其家族相关。这些都有可能让一个人执着于金钱。这是一种深层的情感联结诉求，绝对不是单纯地执着于金钱本身。

当妻子在贬低自己的丈夫及其家族时，她通常站在了一个比丈夫更高的序位上，一种盲目的优越感会摧毁丈夫的自尊心，这是百害而无一利之蠢举。

亲人之间，因为贬低而最后水火不容、反目成仇，不仅伴侣的自尊被破坏，且因掺杂了家庭内部分裂为两大阵营的矛盾，孩子成了母亲阵营里与父为敌的同盟军，加上金钱的分配、孩子的姓氏归属权等，都会成为相当复杂的冲突与纠纷。

有智慧的女性，千万要学会尊重丈夫及其家族，即使他们家在物质条件上不如你家，也绝对不能成为你贬低与欺压对方的筹码。当你选择伴侣时，就意味着要接受他及其家族的一切。

而金钱的收支可以经由双方共同商量，达成可执行的方案来支配。凡是金钱能解决的，都是小事。对于婚姻与家庭来说，关系和谐才是幸福的前提。

力虹语录

金钱里蕴藏着情感的能量，它只流向有爱的地方。越抓，越逃；越吝啬，越败漏。

Q18 当被问及旧情史时，应该老实交代吗

我的妻子经常问我和前女友们的往事，每当这时，我就觉得她又在向我抛“送命题”。我左右为难，经常岔开话题，以避免尴尬。我应该老实交代吗？

不。每段亲密关系只属于当事双方，没有必要告知、分享给其他人。亲密关系具有神圣性，因为它是世间唯一可能诞生生命的关系，不要贬低它，也别将之当作无聊的谈资，更别把它当成向现任表达“忠心”的秘密素材。

如果要接受一个人，就意味着接受他全部的过去，并且尊重他曾经的前任，感谢前任们的离开，才有现任今天的位置。去挖对方的亲密关系史，对现有的关系并无助益；相反，还会是伤害。

该遇见的，不会错过。如果把每一个人都当成自己成长的助缘，促进自己心智的成熟，那就非常有价值与意义。

有时候，吸引力也来自征服与被征服的心理游戏。如果伴侣一方有强烈的嫉妒心，那么这段关系进展就会很困难，甚至很快就会走向终结。通常嫉妒的一方在潜意识里是想先离开的。嫉妒，

不会给任何人带来好处，只会成为亲密关系的绝命毒药。

旧情史，应当被当事人珍藏，也可以选择将它们尘封在岁月的长河里。如果在一段新的亲密关系里，你主动向对方倾诉过去的情史，无论是作为炫耀还是讨好，都是极不合适的自私之举。这不仅会伤害到你的前度伴侣，同时，也为自己的尊严打了最低分。知道了秘密的现任伴侣，不但不会感恩你的坦荡，反而会以此为素材，对你进行贬低或羞辱、打压或取笑。你们双方都会因此而陷入难堪与纠结。这样的关系，往前走，也会困难重重。

所以，当对方要求你交代旧情史时，记住，你永远都可以选择说：对不起，那是我的过去，我充分尊重它，并且可以决定是否保留；同样，我也尊重你的旧情史，尊重你的前度伴侣，他们比我优先，感谢他们的离开，才有了我今天的位置，我接受这个位置，并尊重你的过去。

我们都没有义务向对方坦白过去的恋情，那与现在无关。过去是无法被删除的，我们的前度伴侣和你我一样，也都会在心里留有我们的位置。

力虹语录

亲密关系就是两个圆，有相交部分，也有保持各自独立的部分。

Q19 女人该不该为了孩子而跟丈夫将就过下去

我其实对婚姻已经绝望透顶。婆婆长期横亘在我和丈夫之间，让我经常觉得自己才是外人，真想一走了之。但面对才一岁的女儿，我就自责、惭愧。女人该不该为了孩子而跟丈夫将就过下去？

如果夫妻为了孩子而勉强留在没有互动的婚姻里，那孩子就会被内疚与自责折磨一生，并且孩子也不允许成年后的自己得到幸福与快乐。与其为了孩子将就，不如在现有关系里或者新的关系里找到新的可能性，让关系在正确的序位里得到爱、得到联结、得到互动、得到滋养。亲密关系永远优先于亲子关系，这才是正确的序位。

对孩子来说，最大的幸福来自恩爱的父母，而最不幸的是有一对相互中伤、贬低对方的父母。与其在不幸福的婚姻里为了孩子维系，不如勇敢地面对婚姻里的困难与障碍，看双方是否愿意共同努力、穿越、提升。分或者合，都由双方决定，并承担后果。父母千万别为了孩子，在虚情假意与道德高压下将就，否则孩子会内疚、崩溃、分裂。记住，你的选择都应该遵从自己的内心，并为此负责任。

对于那些勉强凑合又各自为政的精致的利己主义者，即使维系在一段无爱的婚姻里，对孩子的伤害也会远远大于和平而友好的分手——如果这个分手是带着尊重的。

离婚时，孩子的第一选择是跟随能够尊重对方的父母一方生活，其次是同性的孩子与同性的父母一起生活较好。如果父母双方都无法照顾孩子，那孩子可以选择跟随爷爷奶奶或外公外婆。如果他们都无法照顾，那孩子的选择就是父母双方的兄弟姐妹。如果这些条件都达不到，那孩子将面临被送福利院或被领养的命运。

离婚的潜台词是：我是对的，我不会改变。把改变的责任和义务全归于对方显然是不妥的。因为关系只有双输或者双赢这两种结局，所以，去负起自己的那部分责任，去调整与改变自己，也可以主动创造在婚姻里需要被满足的部分。同时，邀请伴侣一同走进学习与提升的场域，为关系的提升与改变，做出身体力行的努力。只有提升与改变自己，才能走出僵局，柳暗花明。

力虹语录

关系里的冲突，多缘于一方或双方试图以自己臆想的“理想模板”来改造对方。

Q20 为何会死心塌地痴爱家暴男

我的一位女性朋友结婚六年，一直被家暴，经常被男方打得出不了门。我们一众朋友都很同情她，可她仍然死心塌地爱着这个家暴男。我们都不理解，她为什么会这样？

对有些人来说，比家暴更可怕的是“孤独”。也许女主是位极度缺爱的人，她的内心最害怕的是被人抛弃。于是，她在婚姻里迁就、隐忍，即使对方用拳头向她表达在乎、关注、看见，也满足了她“被看见、被重视”的渴望。病态的关系里，往往存在两个胆怯的、害怕分离的、愤怒或沉默的“内在孩童”。

曾经我也遭遇过家暴婚姻，走投无路。好在我醒悟得早，仅维持一年多，生下孩子后就果断离婚。也正是那些暗黑岁月里的“宝藏”成就了今天的我——每滴眼泪里，都有光。

如果经常被家暴，她仍然在“享受”，在“相爱”，而且坚信“全世界只有他才会这么爱我”，“只有我才能拯救他”……那么很可能她已经患上了病态的斯德哥尔摩综合征。虐待与被虐待关系常见于极度缺爱的人群，其中绝大多数人已经到了心理变态的地步。如果他们在这样的关系里多一些清醒的自我省思，懂得寻求帮助与疗愈支持，那么还是有可能走出沼泽的。

总之，如果一个人只能激发出你的阴暗面，那么这段关系就值得你反思、内省。

对于那些有勇气跳脱出被虐待关系的人，我真诚地赞叹一句：你非常棒！

越是强烈的“爱”，越靠近暴力。当以爱之名来施行暴力时，这份所谓的爱实质是贪婪的占有、嗔恨的控制。

如果她对施暴对象的依赖越大，他所展示出的暴力也就越强烈，越具有伤害性。而真正的爱是没有伤害的。

力虹语录

当占有、嫉妒、怀疑、掌控、暴力成了亲密关系里的常态时，关系的破裂便很快呈现。相反，当信任、滋养、呵护、爱恋、温暖成为关系里互动的常态时，亲密感便会大大增加。

Q21 为什么不求回报的感情会失败

我有个表姐，与老公结婚十九年了，从来都是主动为老公奉献，毫无怨言。家庭的赚钱大任以及孩子的教育、赡养父母，全由我表姐承担，男方从来不用出一分钱。没想到，她老公居然提出离婚，要带着自己的秘密小金库与一个比他小十七岁的女孩子私奔，现在闹得整个家族鸡犬不宁。为什么即使这样付出，表姐的婚姻还是会失败呢？

因为施与受的平衡一旦被打破，关系就会破裂。那个得到太多的人会因为内疚而离开，而付出太多的人会竹篮打水一场空。她试图用付出来留住对方，对方反而逃得更快，消失得无影无踪。因为她没给对方找回平衡的机会，也没给对方成长的权利，对方的能力也被她的强势付出而贬低、弱化了。所以，如果想让一段关系持久而和谐顺畅，请先保持关系里施与受的平衡。

为什么被拯救者鲜有感恩的？因为她剥夺了他渴望平等、追求卓越的权利，所以他回报拯救者的通常是愤怒，在心理学上称之为“受助者恶意”。这样的关系，只是相互拖累，并无滋养。“不求回报”后面的动力应该被看见，它是不敢、不屑，还是奉迎、讨好、拯救？是自我的价值感低，还是居高临下的

自傲？

通常喜欢讨好的人，多半在小时候都体验过焦虑、矛盾的母婴关系。当他渴求妈妈回应的时候，不确定妈妈是否能够给予他回应，也许十次里面有三四次是有回应的，但他无法确定这几次会在什么时间发生，于是他就努力让自己变得更好，让妈妈肯对他多回应一些。

被送养的孩子通常也会有讨好的表现，却难有被真诚相待的亲朋好友。

讨好的背后深藏着强烈的不安全感。当自己缺乏安全感，总想寻找一个可以依靠的对象。向外找，失败概率太高；向内找，他会成为自己的依靠。世界在心中，心在世界中，外在的发生、动因皆在自己的心，只要他整合自己的内心世界，便可迎来和谐舒畅的外部关系。

在两性关系的序位里，女人跟随男人、男人为女人服务是重要原则。而当女人过于强势时，男人的阳刚力量势必会被削弱，尤其是男人如果有个强悍的、掌控欲强的母亲，那么他在婚姻里很容易吸引来母亲的“替身”。男人有可能就此拒绝长大，宁愿停留在被安排、被控制、被管束的“婴幼儿”状态。

在你表姐的婚姻里，她需要一个回归自己的自省机会，而非身在受害者位置上，怨天地怨老公。可怜之人必有可恨之处，可恨之人也必有可怜之处。失衡则关系出错，平衡则关系和谐。

力虹语录

拯救不是爱，它势必失衡、错位、拖累、依赖，而婚姻中的爱应是两个内在完整的人彼此滋养、成长、发展、联结，成就对方、利益自己、锦上添花。

Q22 他出轨要离婚，我接受不了他的离开，不甘心，怎么办

我和老公都是从单亲家庭里长大的。我跟后妈常吵架，我易悲观、歇斯底里。我们从租住地下室开始奋斗，直到婚姻第九年买了房。之后他出轨，把房给我，要跟我离婚。他一直痛苦忏悔，说我像亲人，以后的事说不准。他很护现在的女朋友，说她性格好，她的原生家庭完整。昨天听到她口中的男友，浪漫温情，带她融入他的朋友圈子，给她惊喜。这些是我没见过的他，我接受不了，道理都懂，但就是不甘心。恨他疼爱她，恨她享有这些，也接受不了他真的远去了。

一段婚姻里其实至少包含爱情、友情、亲情、激情四个部分。那在你的描述里面，我看到你们之间更多的是亲情。作为单亲家庭长大的孩子，你们面对亲密关系的时候会面临很多的挑战和困难，因为从小父母一方的缺位，让你们很容易对父母另一方充满了爱（尽管是盲目的）而站错位置，成为单亲父母的情绪配偶，承担许多不属于自己的命运。长大后，尽管你们对爱充满饥渴及瘾头，盼望在亲密关系里填补小时候未被满足过的爱，但事实上你们经常吸引来的却是无法付出爱的伴侣，事与

愿违又是对内在潜意识的呼应。一旦你们投入自己的亲密关系里，就会把一些习以为常的沟通模式或者表达方式带进来，甚至会用一种让对方难以接受、勾动对方童年创伤的方式来互动。

亲密关系是一个非常艰难的道场，因为每一个起心动念都会被对方勾动起来，让我们看到自己内在最脆弱的部分。那些我们恐惧的、担心的都会被对方的一个眼神、一句话刺激到，然后我们开始勃然大怒、歇斯底里。而当你回过头再去看这些部分时，也许从你成长的背景里面可以找到一些相似之处。那些所谓的情绪、悲观、歇斯底里，都是你内在受伤的孩童在表达，希望你听到并看见那个曾经因父母分离而被忽视的孩子——绝望而无助。那些嘶喊与眼泪，都是惧怕被遗弃的重复表达。这样充满了紧张与恐惧的氛围是无法让身处其中的人感到舒适和放松的，而长期的身心压抑又会让人想逃离。

至于你说你前夫和其现女友，他们也许是以另外一种方式相处的，因为每个人都不同。你需要觉察的是，他为什么会对她浪漫，或为她制造惊喜，为什么自己从来没有得到过。去看看自己内在孩童的婴儿时期及童年时期的依恋匮乏，那些没有被满足的期待和需要。当你说恨他疼她，恨她享有这些的时候，想想看这就是一个襁褓中的婴儿想要独占母亲的私心，它就是一个最原始、最本能的欲望而已。所以，唯一的办法就是让自己变得强大，而不是希望对方有所改变。也许在未来的路上，你会有所改变，有所调整，包括你的第二段亲密关系，也会让你学习和成长很多很多。对于已经过去的这段感情或者说这段关系，你可以带着尊重，向对方道谢，感谢对方曾经为你所做的一切，同时去理解对方的局限，也请他理解你的局限，在心里为他留个位置，这就够了。去疗愈自己需要被疗愈的内在孩童的部分，这是最重要的。如果有因缘来参加家排工作坊的话，那是非常好的方式，去看到自己受伤的内在孩童，去跟她合二为一，然后再去走向自己崭新的亲密关系。

祝福你！

力虹语录

这个世界本就是不确定的。因为每件事、每个人、每种状态，分分钟都在变化、生灭。刹那之间，就像这一刻，永远不可能再来。而唯一能确定的就是变化、变化、变化。

Q23 婚外的他如此吸引我，该怎么办

我和他有种似曾相识的感觉，我们之间有很多心灵感应，比如我们会同时剪头发，小时候都看过同一本冷门的武侠书，会同时喜欢一首冷门的歌并且当作手机铃声，我和他在精神上特别契合。他就像另一个我，对我有强烈的吸引力。我很想和他发展进一步的关系，但是我们都结婚了，有孩子了。我该怎么办？

所有的关系都是从投射开始的。去内观这样一份让你心动的关系跟自己内在的哪个部分的渴求相呼应。当然，现实的婚姻生活与这种所谓的灵魂伴侣、心灵伴侣似乎很难联系到一起，因为灵魂伴侣是无法跟我们过日子的。当你哪天看见他在挖鼻孔，或者上完厕所没冲水，我想，那个时候你的执念就会幻灭了。

值得探索的是，为什么这个人对你有强大的吸引力？仅仅是因为你们的精神契合度高，还是隐藏着什么你在婚姻里无法被满足的致命诱惑？

真正的爱是如他所愿，如他所是，而非如我所愿，如我所是。当我们想占有对方的这个心念生起时，去看看自己内在真

实的渴求以及自己在婚姻生活里没有被满足的部分是什么。如果两个人都是已婚有孩子的状况，想想看，如果你们往前更进一步，那自己的伴侣和孩子会有怎样的反应，他们会受到怎样的影响。你可以设想一下，就算你们结合在一起了，会开心吗？会真的幸福吗？当所谓的灵魂伴侣遇到柴米油盐酱醋茶，遇到房子、车子等现实的物质需求和困扰时，还可以同频共振吗？重点是回到自己的内在去看看，他为什么会让你心动，他身上哪些部分在吸引你。如果这些部分是源自小时候的匮乏与渴求，我能不能通过我自己来实现与满足呢？需不需要靠别人实现呢？好，我把这几个问题留给你，也许你会有一些感受，有一些领悟。不管怎样，祝福你在心灵和俗世生活里面，都能平安喜悦与自在。

力虹语录

我们要么沉浸在过去的回忆里，要么在对未来的憧憬里，就是不在当下，这就是痛苦与纠结的根源。至道无难，唯嫌拣择。

Q24 怀疑老婆出轨了，该怎么办

最近怀疑老婆出轨了，从她每天回家与人聊微信时的表情就知道有鬼，证据不足又不敢捅破了谈，我该怎么办？

建议你跟你老婆来一次认真的交谈，主题当然不是关于出轨，而是关于你和她之间的关系。你可以问她：亲爱的，你觉得我用什么方式对待你，我们的关系才会变得更好一些？你希望我为你做些什么？去听听看，你老婆给你的回答是什么。同时也请你对你老婆曾经的付出表达感谢，也请她理解你的局限。

需要省察的是，在你们的关系里，是否存在着强烈的嫉妒与猜忌。这些情绪是婚姻的头号杀手。而嫉妒与猜忌的心魔住在你的心里，与对方无关。就像我曾经的一位男学员，他每天跟踪他老婆，查他老婆的手机，翻他老婆的包，每个与他老婆说话的同事都被列为头号调查的“情敌”，他老婆不堪其扰。虽然有时她也很享受这种被老公在乎的感觉，可日久生厌。终于有一天，他老婆提出离婚，男学员这才停止了一切“侦探”行为，开始选择相信老婆，可他控制不住地会再次扮演黑夜里的“侦探”。夫妻俩来到工作坊时，我先为男学员做了生命整合个案，让他拥抱了自己内心那个担惊受怕，从小被寄养在乡下，得不到父母之爱的“孤儿”，帮他慢慢建立安全感，学习信任。然后，我给他们夫妻做了和解的个案，我帮他们把回忆的时间线拉回到他们初相见、热恋时，让他们重新看见对方真正的样子。就这样，一段带着信任与尊重、理解与包容的崭新恋情，在全场学员的注视下重新开始了。

在亲密关系里，如果有出轨事件发生，那也是双方共同造作的结果，绝对不可能是单方面的错。所以，不妨就你和她之间的关系去列出更多可行的方案，去促进你们关系的和谐、联结和流动。在没有证据之前，请你不要以出轨这个议题来讨论。这样会深深地伤害到对方，因为这会表明，你对她、对婚姻是不信任的。无论如何，我都希望你回到自己的内在，去改变和调整自己，而不是去改变对方。

不管怎样，都祝福你和你老婆。每一段关系里面都有四个组成部分：友情、爱情、亲情、激情。你可以先给这四个部分去打分，去看看哪些部分是需要调整和改变的，哪些是需要提升的。如果这四部分满分都是 100 分的话，你为自己的婚姻打多少分。在你和你老婆交谈的时候，也可以请她来打一个分数，然后双方去找出一个提升、改变的路径和方案。当然，前提是你们还愿意为婚姻的共同账户充值，如果有一方已经完全没有这个意愿，那关系修复起来就较为困难。

祝福你们在关系里活出自己，滋养对方！

力虹语录

每个人都不完美，你我都不例外。我们只能尽量完整、完善自己。同时，放过自己，也放过那些与我们纠缠不清的关系和人吧。

Q25 离婚了，我该如何放下

我与前夫离婚有三年了，女儿归前夫抚养。让我无法接受的是，离婚之后才知道他在我们婚内出轨，我们离婚后一年他就再婚生子，对象是他朋友的前妻。离婚前他还假意和我惺惺相惜，现在想想自己蠢到家了，心里一直对这个事耿耿于怀，也担心女儿不快乐。我该如何放下。

对于你这种被背叛的感觉，我完全能够理解，毕竟遭遇背叛的滋味不好受。因为自己的信任被无情践踏，许多人都是过不了自己不甘心的这一关，不停追问：为什么？为什么是我？为什么你要这样欺骗我？

有些人用了一生来追问。而你，我想应该有另外的可能性，看到你已经离婚三年了，就放过自己吧，不要在指责模式里面自怨自悔。这其实是一种强烈的自恨，会破坏自己的身心平衡，损伤自己，付出这样的代价值得吗？在我看来，拿别人的过错来惩罚自己，大可不必。我没给你做过个案，所以不清楚后面纠缠的动力来自何处，也不清楚那些欺骗与背叛后面藏着怎样的诉求。

无论如何，世界如此之大，一些无法理解的人、事、物总会出现在我们的生命里，令人猝不及防。当下的我们无法理解，但或许在未来的某天，当你回看，才能懂得这个安排。于你的人生而言，它是如何精妙，如何不可思议。说不定，你还会感恩这些的发生。谁知道呢，保持开放，带着柔软而流动的内心去经验一切的无常吧。

放下这把戳向自己的尖刀，伤害你的人早已走远，而你又一再地捡起它，戳向自己。自责与羞愧是带不来和解的。当自己不快乐的时候，女儿又怎么可能快乐呢？在这样的关系里面，调整好自己的身心状态，才是当务之急。让自己重新开始，以一种轻松的姿态，面对自己的人生，真正地绽放自己，也许才是一种成功的“报复”。

每一个背叛的人，都会付出相应的代价，因为逃不过的永远都是自己这一关。当背叛发生的时候，一定有相伴而来的内疚。所以，也请你放下自己对前夫和他现任妻子的怨恨，他们需要面对的是他们的选择对几个家庭的伤害，内疚、自责、懊悔等情绪不会轻易离开他们。每个人的因缘各不相同，当他决定背叛这段婚姻的时候，就意味着他准备好了为他自己的行为付出代价。所以，我们不必拿别人的错误行为来惩罚自己，让自己一直活在仇恨的牢笼里面。

每天都有新鲜的阳光、新鲜的空气、新鲜的花草、新鲜的人儿，每一个发生都是那么新鲜动人，你不想出来迎接新鲜的发生吗？不要活在过去的记忆里，只活在当下，这样你每时每刻所感受到的、感觉到的、联结到的，才是真实的。当你可以安住于这样的时刻，你与自己的关系、与孩子的关系，都会变得更加和谐，能量会更自由地流动，你也才能一身轻松地进入新的亲密关系。去做一个快乐的女人吧。

祝福你。

力虹语录

只有与上一段关系和平分手，双方被尊重、被看见，下一段关系才能顺利和谐。

Q26 老公和下属的关系不明不白，我该怎么处理

发现老公和原来下属的关系不明不白，没有业务关系，却被我查到微信转账给她 1 万元，质问老公，他打死也不承认他们发生过关系。请问老师我该如何处理老公这段婚外情呢？

在我们没有足够的证据去证明这是一段婚外情的时候，也许不太适合用这样的方式去质问你老公，毕竟这是快速破坏婚姻信任感最致命的方式之一。但是，你可以与你老公坐下来，聊聊你们对婚姻的愿景与期待，以及对彼此不满意的部分有何整改方案，未来如何去调整与改变。对方愿意与你共同来改进与调整这段婚姻关系吗？他能做的贡献是什么？这样做，你满意吗？

男性是理性的，他们更需要可以落实的具体执行方案与目标。你们可以不定期地以轻松的方式进行这样的交谈，也可以在金钱部分有个明确的、双方共同执行的公约。

每个人都有自己的朋友圈，即使你们结婚了，双方也应该有自己相对独立的交友空间。如果他真的跟其他异性发生了关系，那他自然是违背了对婚姻的承诺。但就算关系到了这一步，你们的婚姻仍然有被挽救的机会，去省察各自在婚姻里面做了

哪些贡献。

婚姻，就像两人联名的共同账户，双方都需要往这个账户里面存钱、取钱，达到收支平衡。如果只期待一方往这段关系里面去投入、去付出，那这样的关系就会失去平衡，从而会往一个不好的方向发展。同时，女性大多与原生家庭有太多的联结和纠缠，生完孩子以后，专注力又转移到了孩子身上。这样就给老公制造了一种不被需要的错觉，又或者这是他的一种真实的感觉，他会感觉到在这个家里没有自己的位置，“不被需要”更给他带来挫败与沮丧。综上，他可能就会在外面寻求一些精神上的慰藉。

就像在我工作坊的个案里，出轨事件呈现出来的真相是，妻子跟自己的原生家庭靠得很近，跟孩子靠得很近，而丈夫只能转脸朝外，走向别的可能性。而这些新的可能性也并不能给他带来更深刻的感情与关系，他只是用这种方式来提醒婚姻里的另一半：请你看看我，给我一个位置。这是一个家排场域里的观察。你可从这个方面去检视一下自己，看看自己是否在这样一段关系里，也有一些需要调整和改进的地方呢？一段关系的好坏，只有在这段关系将要结束的时候，才能真正地看出来。而现在你们的关系远远没到这个地步，你只是怀疑。然而，在婚姻里面去建立一种对对方的信任，也是一门非常重要的功课。去看看自己的不安全感来自哪里，自己能不能完全地信任对方，如他所是、如他所愿?

在我们的很多关系里，尤其在婚姻关系里，一方对另一方是一种掌控和抓取，而没有真正如其所是、如其所愿，更多是希望这段关系里的对方如我所愿。当两个人的期待发生冲突的时候，必然有矛盾产生。婚姻是完善自己最好的道场，你可以从对方的镜子里看到自己，这是一个很好的机会。去和对方开诚布公地交流，让双方共同做出一个新的承诺，为这段婚姻再努力和付出，为你们共同的账户多增加一些情感收入，如此，才会让关系更顺畅地流动。

祝福你们!

力虹语录

当怀疑的心魔驻扎在心里时，外界仿佛都沆瀣一气，在欺骗自己。

Q27 结婚十年，仍然被婆婆当外人，怎么办

我们结婚十年了，但我婆婆从来没有拿我当过自家人。比如看我买了衣服，马上说："你没给我儿子买啊？"我听了很不舒服。她是不是管得也太宽了？我该怎么办？

让婆婆心甘情愿把自己当自家人，这本来就不太可能。虽然你嫁给她儿子，成为她的儿媳妇，但这中间仍然是有界限的，这界限也包括不要让婆婆侵入你们的生活。你和你老公的核心家庭是优先的，婆婆只能成为你们的背景。婆家是旧的系统，而你们是新的系统，新旧系统之间是要有界限的，同时保有联结。但这个联结并不意味着，一方可以随意进入另一方的系统里，任意干涉对方的各种关系。所以，下一次婆婆再说这样的话时，你可以真诚地对婆婆说：感谢妈妈对我们这个家庭的关心，也感谢妈妈对您儿子的呵护；我们现在有能力解决好我们的关系，经营好自己的生活，请妈妈放心；我现在是我们这个家的女主人，我会站在女主人的位置上为这个家做出贡献；我们都是成年人了，请您不要再为我们操心。在肯定婆婆的同时，划清界限；在尊重她的同时，也保有自己的独立性。

还有一个非常考验你们的地方是：无论你们婆媳之间发生

怎样的矛盾与冲突，作为你的丈夫，他都必须站在你这边；如果他想两边讨好，甚至站到母亲一边，矛盾就会激化，愈演愈烈。最愚蠢的男人就是结了婚，仍然与自己的母亲紧密相连，共进退。在这样的状况下，任何女性的进入都会是那个不受待见的“第三者”。而这样的巨婴妈宝男，谁愿意嫁呢，除非铁了心要去做一个“新的娘”。作为儿子，他需要对自己的母亲坚定地说出：亲爱的妈妈，爸爸才是您的伴侣，我不是，我只能做您的儿子；这是您的儿媳妇，她是我的伴侣，我们有新的家庭，请您允许我们自己来决定家庭事务；我们是成年人了，已经可以为自己的行为负全责，请妈妈放心。

如果你的丈夫能够这样与他的母亲划清母子间的界限，把母亲交还给她自己的伴侣，那母亲就有机会回到她自己的伴侣身边（即使母亲独居，在心理上也可以完成归位），而非一直在你们的小家庭里横加干涉。而你，就可以站到自己的位置上，守住女主人的立场；同时对婆婆表达尊重与感恩，相信你就会游刃有余、轻松自在地调和世上最难的婆媳关系了。

所有关系的制胜秘诀与法宝都是发自内心的尊重，婆媳关系更是如此。放下对婆婆的刻板印象，看见她身后的父母及家族背景，看见她身边的伴侣及孩子们。从这个广阔的视角来看见她时，你便能够拥抱这个没能把你当成自家人的女人了。

祝福你和你的婆婆各自都能拥有幸福快乐的家庭生活。

力虹语录

爱的流动是双方的，彼此有回应的。

Q28 身处无性婚姻，是走还是留

我和我老公每年的夫妻生活不超过五次，这样的状况已经维持六年了。老公也没外遇，就是对我没有兴趣，我们交流也不畅。我想离婚，他觉得没有必要，说大部分人的婚姻都是无性婚姻。我该怎么办？

对这段婚姻，你和老公都是有发言权和选择权的，而不是因为你老公说有那么多的无性婚姻，你就得在这段婚姻里忍受。过早地放弃生命的激情，这是你老公的选择，但不一定是你的，你完全可以为自己做决定。

身体是最诚实的，去觉知自己身体的每一部分，它们在这个关系里舒服吗？是被滋养的吗？当你回忆起那些身心交融的时光，身体的感觉是滋润的还是枯竭的？是甜蜜的还是痛苦的？相信这些不一样的体验会直达你的心，你是可以听见内心声音的。

身体的联结是亲密关系里必不可少的，否则这段关系就不能被冠以“亲密”之名。而性是心与心、生命与生命之间最神圣的互动，因为它可能诞生生命。

事实上，每对夫妻对婚姻的期待与目标都不一样，或者他们发展的阶段不同，关注的侧重点也会不同。所以，你在这段婚姻里面，看重的是什么？想收获到的是什么？能为之付出的是什么？你看向的方向与对方一致吗？我经常讲，世界上最好的爱情、最好的婚姻就是你情我愿。当双方形成一种默契和承诺的时候，这就是最完美的结合，不是吗？当你不情愿的时候，请你看见自己真实的需要，这没有什么错。作为婚姻里面的一个女性来说，有性要求是非常合理的，并且性的联结在婚姻里起着非常重要的作用。生命的可爱之处就是永远都有得选，正如你老公可以坚持他的观点和行为，而你也可以表达自己的心声，去找到一种最适合自己的婚姻方式。性能量的匹配度是保证一段关系能否长久的关键所在。你们可以尝试参加一些性心理辅导的培训课——如果双方觉得婚姻还有改变的可能且必要的话。身体上对性的排斥或冷淡，多半来自心理，只要有意愿，是可以调整且改变的。当然，如果双方都认为没有必要，那就遵从自己内心的意愿，做出选择。

无论你会做怎样的决定，我都祝福你，你值得拥有美好幸福的生活。

力虹语录

亲密关系的前提是身心的联结与亲密。

Q29 我远嫁国外，怎么放下对原生家庭的内疚、自责

我远嫁到了国外，嫁给了一个外国人。当时家里人都坚决反对，可是我自己感觉到与丈夫真的相爱，也很幸福。婆家人对我很好，我们也有了两个漂亮的女儿。逢年过节，我还是经常会想到娘家人，尤其是我那一直都愁容满面、一辈子不开心的妈。我因为自己过得比她更幸福、更好而深感内疚、自责，甚至不好意思与她通视频。我该怎么处理这种情绪？

从家庭系统原则来说，女方跟随男方的种族、语言、文化、宗教信仰，进入他的家族系统，关系会发展得比较顺畅和谐。

同时，远嫁还意味着你可以远离自己原生家庭的影响。当然，你提及对原生家庭及母亲的内疚、自责是非常正常的，因为捆绑我们内心的有传统的孝道观念，有盲目的拯救之心，有不敢让自己活得比父母更好的狭隘信念等。而这些都可以靠你自己的内在力量去发展出一种成熟而智慧的爱，去改变，去达成，允许自己带着内疚走向自己的幸福人生，允许自己活得比父母家人更好，把父母及家族给你的爱与关怀传递给别人，你也已经把它们传给你的下一代了。这样，你对原生家庭的爱与

忠诚便以崭新的方式表达了出来，而非盲目无序地牵连纠葛。母亲的不开心与你无关，那是她的命运、她的选择，你只需要勇敢做自己。即使母亲不开心，你也允许自己独自幸福快乐！这不是自私自利，这是成长的勇气与决心。

独自幸福是容易让人内疚的。比如，我曾经的一位案主，每天下班都会把车停在离家一站远的地方，然后骑共享单车回家，他不敢让家人知道他有车的事实。他说这会刺伤吃着低保、生活拮据的父母的自尊心。于是，他长年装穷，也不恋爱结婚，生怕找个条件好的女朋友，过上了幸福的日子。听似荒唐，实则里面全是忠诚与爱（盲目的），全是案主想要的清白感。他心底的声音是：只要我与他们一样穷，我就不用内疚了。内疚与羞愧都是低频情绪，会把人的能量拉入低谷。就算这样，许多人也没有勇气与胆量去拥抱幸福与喜悦。这也就是为什么那么多人想要远离原生家庭。原生家庭的重负有时的确让人喘不过气。而远离原生家庭，即便是空间上的远离，也会让人大大地松口气，对一些内在力量尚未强大、尚无法与原生家庭和解的人来说，这的确是一种好选择。

当你了知每个人都是自己命运的主人，无人可替代，当你带着尊重与谦卑交还父母的命运，当你相信且允许自己可以过得比父母更好时，你便可以放下内疚、自责，开始自如地与他们沟通交流，相信你可以收到来自父母的祝福。而你的后代也会因为你与丈夫的榜样力量，活出崭新的人生版本。

远在他乡，心里留下祖国母亲的重要位置，留下父母及原生家族的重要位置。这些也需要告诉你的伴侣，因为越是了解对方成长史的人，越可以成为深度关系里的心灵伴侣。还要告诉你的孩子们，在他们的心里，必须有一个地方专属于自己母亲的祖国以及母亲的家族成员。

祝福你们全家，你们值得拥有幸福快乐的人生！

力虹语录

我们的人生与父母的人生并不一样，当父母已经给了他们仅有的，我们没有资格要求更多。那些父母无法给我们的部分，我们可以带着对父母的感恩与尊重，自己去创造。

两性关系自测题

（总分数为10，每题为1分）

1. 想到你的另一半时，你的情绪是积极的，还是消极的？

2. 判断你们现阶段的关系处于哪个时期：（1）浪漫期；（2）权力争夺期；（3）整合期；（4）承诺期；（5）共同创造期。

3. 你们双方谁是那个在关系里贡献较多的人？

4. 你可以在对方面前，完全敞开自己，不惧怕评判吗？

5. 你了解对方的成长经历和家族故事吗？

6. 你们的生活方式能达成一致吗？

7. 你们有共同的兴趣爱好吗？

8. 你愿意去肯定对方为你所做的贡献吗？

9. 你愿意去承认自己不足的部分吗？

10. 你们有共同的生活方向与目标吗？

如果能清晰地回答以上所有问题，恭喜你！这说明你对你们所处的关系阶段是有觉知的。如果不能清晰地回答以上问题，可以寻求专业人士陪伴你明确你们所处的关系阶段，理清头绪，找出和解方案。

Part2

力虹
智慧心语

- 1 婚姻，只有“成年人”才能搞定。
- 2 亲密关系是世间所有关系中最神圣的，因为它可能诞生生命。
- 3 打破竞争模式，用内在的柔软去联结对方。
- 4 亲密关系就像橡皮筋，一段段，从紧到松。
- 5 伴侣之间最重要的联结是孩子，其次是共同的兴趣爱好。
- 6 亲密关系太隐蔽或者太高调，都会走向分手。平衡原则，无处不在。
- 7 世间还有这样的关系：一个人长久地住在你的心里，无欲望勾牵，唯有虔敬与信任。想起他，你只会一再祈愿：愿我的生命如你一般，给世界以温暖，引人心至良善。
- 8 “上门女婿”在男女关系序位上是有一定挑战性的，尤其是对孩子而言，影响会更大些。
- 9 用各种“作”让对方看到自己，正如我们小时候拼命地求母亲关注：妈妈，看看我！
- 10 亲密关系里，总是一方会多付出一些；两人不约而同付出的，不多。但亲密关系是需要彼此付出、共同维护的。

- 11 分享时，只如实描述自己的身心感受，不带任何的评判。此时，不用启动自责模式。
- 12 亲密关系是一份双方契约，要以双方利益最大化为原则，别指望你在关系里好处占尽，而对方一无所获。这样的关系注定夭折。
- 13 一个自我界限不清晰的人，也很难在关系里进退有度。
- 14 亲自把到手的幸福毁掉，一心重复母亲的命运，可见对不幸的母亲多么“忠诚与爱”。只是，这份“忠诚与爱”是盲目而错位的。就算你毁了自己，母亲曾经的命运也不会被改写。
- 15 有些与父母难舍难分的女儿即使有了结婚证，也并未出嫁，她们的老公一直没有老婆。人在，心不在。
- 16 无论女儿嫁给谁，父亲内心都会有失落。天下爱女儿的父亲，大抵如此。
- 17 在伴侣关系里，去看见我们的拯救情结，去审视关系是否平等，施与受是否平衡。
- 18 爱情只占婚姻的四分之一，婚姻里还有激情、友情、亲情。

- 19 不要以为堕胎堕掉的只是一个肉团，生命以各种形式存在。堕胎对女性的心理、生理都会有巨大的创伤与影响。
- 20 你们是选择新组建的核心家庭，还是选择回到各自的原生家庭？进或退，你们需要自己决定。从家庭系统的角度出发，自己的核心家庭应当优先于原生家庭。当我们还在原生家庭里牵连纠葛时，就无法真正进入自己的核心家庭。
- 21 当你抗拒母亲，你的事业、健康、金钱、亲密关系都会有困难。
- 22 没有人愿意跟一个情绪不稳定的人在一起。
- 23 被骗的人往往都是因为贪心。
- 24 当女儿错位站到父亲情绪配偶的位置上时，她是无法拥有自己的亲密关系的。
- 25 进入一个再婚家庭，你需要尊重对方的前度伴侣，还有他们的孩子。一段被祝福的婚姻，才有可能和谐顺畅。
- 26 在感情里，如果你搞不定自己，换十个人也一样！成熟的爱是把所有对对方的投射收回，以你本来的真实模样与对方安然相处。

• 27 爱需要敞开自己，这的确有可能会让人受伤，致使许多人不敢爱。但同时我们也要看到，爱也可以相互滋养！

• 28 在亲密关系里，当双方陷于恩怨情仇，不过是都想拼命证明：我全对。耗时耗力，却忘记了关注孩子。当你真正长大，成为父亲/母亲的时候，你才能看见孩子。

• 29 许多家庭里出现的角色错位：分明是孩子，却要身兼数职——父母的父母，父母的伴侣……真够忙的，每天都会过得“很充实”。而他们付出的代价是：背厚了，肩酸痛了，心苦了……

• 30 一个内在整合够好的人，是允许自己在不同的人面前有不同的呈现：在爱人面前可以撒娇、小鸟依人；在生意伙伴面前不卑不亢，有原则、有底线；在长辈面前恭敬，谦虚有礼；在父母面前可以任性……当一个人可以在任何状态里安然自洽时，他就是身心完整、健康的人。

- 31 适度的自恋是有必要的，它使你更容易给予或获得情感支持。所谓能自恋，才能恋他。
- 32 在亲密关系里，如果没有彼此身体的联结，性能量会失衡，极容易引发频繁的争吵与冲突。而这些无名火的背后隐藏着的是对亲密的渴望。
- 33 付出感是感情的杀手。
- 34 如果试图把浪子拴在你的码头上，那你就必须有锚。否则，就得随他在大海上浮沉，饱受患得患失之苦。
- 35 对最“爱”的人说出最恶毒的话语时，那是因为“爱”里添加了执着的调料，成了“贪”。
- 36 在情感纠葛中，双方出演的通常是无明的情绪大战。
- 37 强烈的执着与占有是危险的“爱”，犹如在刀尖上舔蜜。
- 38 共情是尊重与懂得，而同情却是界限模糊的干涉。前者位置平等，后者有高下之别。
- 39 选另一半时，如果希望生活中的困难最小化，就选父母亲和睦、相爱的家庭。在这样的家庭里长大的孩子心中不缺爱，内在更和平，更容易相处。

• 40 最深刻的亲密关系就是在一段固定关系里面，从防御层到创伤层再到真我层，层层深入，相互支持、陪伴、疗愈、整合、转化，最后成为身心契合、同频共振的伴侣。这样，才能称得上心灵伴侣、人间佳偶。

• 41 一段没有回应的关系是没什么希望的，只要有回应，就有希望。当然，也不能排除几年以后，他开始移动了。因缘来决定你是否可以在对的时间遇见那个愿意回应你的人。

• 42 在亲密关系中，定力不足的人大多很容易被对方“干扰”，分不清界限，受对方情绪影响。

• 43 每一段关系都是以生离或死别作为大结局，这是自然规律。

• 44 一个在家里没有位置的人会惶惶不可终日，四处游荡，直到遇见另一个愿意看见他、温暖他、“拯救”他的人。而这个人，通常被称为“第三者”。

- 45 和父母联结中断，试图在亲密关系中找到父母的替代品，几乎都不会成功。
- 46 在婚姻关系中，有婚外情的那位，可能是在提醒自己的婚内伴侣：请你看看我，请你给我伴侣的位置。
- 47 婚姻里过得不如意，一方如果有婚外情，则会把它当成救赎。而婚姻意味着承诺，承诺的重量不是婚外情人可以承担得起的。
- 48 有时，前任始终纠缠不放，并非他有多爱，而是他无处可去。好好告个别，各自奔向新的方向吧。
- 49 亲密关系最为神圣，不要把伴侣的秘密分享给他人，秘密只属于双方当事人。
- 50 性欲和食欲是人重要的生理本能。我们靠这两种本能让自己充满活力，充满生机，延续生命，繁衍种族。
- 51 对一个女性来说，当完成了和父亲的分离，就可以走向伴侣了。
- 52 当我们能和爸爸联结上，就不用在亲密关系里找“爸爸”了，就不会成为“大叔控”。

53 所谓剩女，都是对父母充满了盲目的爱和错位的担心的孩子，她们根本不想离开父母。

54 父母应从子女的婚姻里离开，否则会越帮越忙，添堵添乱。

55 娶一个女人，等于娶了她的整个家族。许多原生家庭里的问题，都会被带进本属于两个人的亲密关系里。如果亲密关系里的神圣性被打破，问题便会层出不穷。

56 真正的出轨是，人躺在你身边，心里却想着别人。

57 真正的爱是有慈悲的，是希望对方远离痛苦，得到快乐。如果爱不包含慈悲，就不是真正的爱，而是有条件的交易。

58 真正的爱是没有条件、没有对象的，也不会产生恨。我们通常所说的“爱”，是有私欲的爱，准确地说，应该叫作“贪”，因为一旦得不到这样的“爱”，恨就会产生。

59 每一次分离，都是一次成长。不管是亲子关系，还是亲密关系，甚至是合作关系，分离都会让我们回到自己的内在去探索、去和解，我们也会因此而成长。空窗期，也是回归自心的好时机。

• 60 我们并不是非要结婚不可。对别人没有感情、没有兴趣，怎么能建立起亲密关系呢？但就算不结婚，也并无什么缺失。我们在任何一个生命阶段里，都可以是完整的。就算是单独存在，也是完整的。

• 61 亲密关系是一条布满情绪暗器与创伤开关的曲折道路，但它是实现心灵成长、内在整合的绝佳场域。

• 62 一个好伴侣，也会是一位好的疗愈师。

• 63 所有关系里最重要的法宝就是“尊重”。

• 64 如果关系里只有性联结，那双方还处在动物的本能状态里。

• 65 当我们决定把爱情封闭起来，对激情视而不见时，就很难在亲密关系里找到自己的位置。因为亲密关系的前提是“亲密”。

• 66 生命里的每一个发生，都是成为自己的必经之路。

- *67* 如果我们还沉沦在自己的剧情中，将看不见对方，听不见对方，也感觉不到对方。只有不断地敞开自己，我们才能感觉到，感受到，才能真正地看见对方，才有可能与对方建立起深刻的联结。

- *68* 受苦比改变容易得多。受苦只需要在熟悉的模式中重复即可，而改变总是要冒一点险的。

- *69* 分手不一定都是坏事。当双方完全无法同频共振时，分手对于双方来说，都是解脱，都有新的机会。

- *70* 在关系模式里，有的人习惯当引领者，有的人习惯当跟随者。当我们愿意尝试新的模式时，生命的丰富性就增加了。